Sebastian Wartha / Axel Schulz

Rechenproblemen vorbeugen

Herausgeber der Reihe

Gabriele Cwik
ist Schulrätin in der Schulaufsicht der Stadt Essen und zuständig für Grundschulen.

Dr. Klaus Metzger
Schulamtsdirektor, ist Fachlicher Leiter des Staatlichen Schulamtes Aichach-Friedberg in Schwaben/Bayern.

Die Autoren

Prof. Dr. Sebastian Wartha, forscht und lehrt am Institut für Mathematik und Informatik an der Pädagogischen Hochschule Karlsruhe. Er leitet dort die Beratungsstelle Rechenstörungen.

Axel Schulz, ist Grundschullehrer, wiss. Mitarbeiter an der Uni Bielefeld und Mitarbeiter der Bielefelder Beratungsstelle für Kinder mit Rechenstörungen.

Lehrerbücherei GRUNDSCHULE

Sebastian Wartha / Axel Schulz

Rechenproblemen vorbeugen

Die Links zu externen Webseiten Dritter, die in diesem Titel angegeben sind, wurden vor Drucklegung sorgfältig auf ihre Aktualität geprüft. Der Verlag übernimmt keine Gewähr für die Aktualität und den Inhalt dieser Seiten oder solcher, die mit ihnen verlinkt sind.

www.cornelsen.de

3. Auflage 2014

© 2012 Cornelsen Verlag Scriptor GmbH & Co. KG, Berlin
© 2014 Cornelsen Schulverlage GmbH, Berlin

Das Werk und seine Teile sind urheberrechtlich geschützt.
Jede Nutzung in anderen als den gesetzlich zugelassenen Fällen bedarf der vorherigen schriftlichen Einwilligung des Verlages. Hinweis zu den §§ 46, 52 a UrhG: Weder das Werk noch seine Teile dürfen ohne eine solche Einwilligung eingescannt und in ein Netzwerk eingestellt werden.
Dies gilt auch für Intranets von Schulen und sonstigen Bildungseinrichtungen.

Projektleitung: Gabriele Teubner-Nicolai, Berlin
Redaktion: Susanne Hohmann, Frankfurt am Main
Grafik: Stefan Giertzsch, Werder
Umschlaggestaltung: Torsten Lemme, Berlin
Umschlagfoto: © Uwe Annas – Fotolia.com
Layout/technische Umsetzung: Lennart Fischer, Berlin

Druck: CPI – Clausen & Bosse, Leck

ISBN 978-3-589-05193-9

 Inhalt gedruckt auf säurefreiem Papier aus nachhaltiger Forstwirtschaft.

Inhalt

Vorwort ... 6

1 Kompetenz- und prozessorientierte Diagnose ... 8
1.1 Fallbeispiel ... 8
1.2 Merkmale einer prozessorientierten Diagnose ... 19
1.3 Merkmale einer kompetenzorientierten Diagnose ... 21
1.4 Zusammenfassung ... 24

2 Grundvorstellungen ... 25
2.1 Grundvorstellungen: Begriffsklärung ... 25
2.2 Grundvorstellungen zu Rechenoperationen ... 31
2.3 Grundvorstellungen zu Zahlen ... 34
2.4 Grundvorstellungen zu Strategien ... 36
2.5 Grundvorstellungsumwege als Verständnisindikator ... 39

3 Hürden im Lernprozess ... 42
3.1 Verfestigtes zählendes Rechnen ... 42
3.2 Probleme beim Stellenwertverständnis ... 48
3.3 Schlussfolgerungen ... 60

4 Aufbau von Grundvorstellungen ... 62
4.1 Ein Vierphasenmodell ... 62
4.2 Zahlen schreiben und sprechen ... 65
4.3 Zahlzerlegungen ... 68
4.4 Schrittweise über den Zehner rechnen ... 71
4.5 Zehneranalogien ... 73
4.6 Ausblick ... 74

5 Die Rolle von Veranschaulichungsmaterialien ... 76
5.1 Funktionen von Material ... 76
5.2 Auswahl von Material ... 78
5.3 Besprechen von Material ... 82

6 Zusammenfassung und Ausblick ... 91

Anhang: Diagnoseleitfaden ... 94
Literatur ... 109

Vorwort

In diesem Buch werden besondere Hürden beim Rechnenlernen beschrieben, wie diese erkannt und überwunden werden können. Zentral ist der Zusammenhang zwischen „verstehendem Rechnenlernen" und dem Aufbau von Grundvorstellungen. Hierbei spielt der zielgerichtete Einsatz von Anschauungs- und Arbeitsmaterialien eine große Rolle.

Den inhaltlichen Einstieg in **Kapitel 1** bildet die ausführliche **Diskussion diagnostischer Grundlagen** anhand von Fallbeispielen, auf die in den folgenden Kapiteln Bezug genommen wird. Anhand der Fallbeispiele soll erklärt werden, was unter kompetenz- und prozessorientierter Diagnose verstanden werden kann und warum diese für den Schul- und Förderalltag sinnvoll ist.

An den Beispielen wird in **Kapitel 2** das **Konzept mathematischer Grundvorstellungen** und deren Rolle beim Rechnenlernen im arithmetischen Anfangsunterricht bzw. bei besonderen Schwierigkeiten beim Rechnen erläutert. In **Kapitel 3** werden in Abgrenzung hierzu **zentrale Hürden im Rechenlernprozess** beschrieben. Häufig sind es unzureichend entwickelte Grundvorstellungen zu Zahlen, Operationen oder Strategien, die das Rechnenlernen erschweren. Die Überwindung der beschriebenen Hürden geht einher mit der Ablösung vom zählenden Rechnen und dem Erwerb eines Verständnisses des dezimalen Stellenwertsystems.

In **Kapitel 4** werden konkrete Situationen beschrieben, die den **Aufbau von Grundvorstellungen** unterstützen. Diese Vorschläge sind Bausteine eines kompetenz- und prozessorientierten Unterrichts bzw. von Förderung. Das vorgeschlagene Förderkonzept ist auch auf andere mathematische Unterrichtsinhalte übertragbar und wird an Beispielen praktisch erläutert. Die beschriebenen Förder- und Lernsituationen können im Regelunterricht der ersten beiden Schuljahre oder auch in der Förderung älterer Kinder eingesetzt werden, die besonders große Schwierigkeiten beim Lernen von mathematischen Inhalten haben (und häufig als „Rechenstörungen", „Dyskalkulie" etc. beschrieben werden).

Die zentrale Rolle, die hierbei **Anschauungs- und Arbeitsmaterialien** spielen, wird in **Kapitel 5** beschrieben. Für die Lehrkraft ist es keine triviale Herausforderung, zu mathematischen Inhalten *geeignete* Veranschaulichungsmittel auszuwählen, die Konventionen hieran zu erklären und auf Fehler am Arbeitsmittel angemessen zu reagieren.

STOPP – Aktivität!

Liebe Leserin, lieber Leser,
beim Lesen in diesem Buch werden Sie immer wieder über Kästen stolpern, die mit „Stopp – Aktivität" überschrieben sind. Auch wenn diese Kästen schnell und leicht übersprungen werden können – wir empfehlen sehr, die Aktivitäten auch durchzuführen. Sie werden deutlich mehr von den beschrieben Inhalten profitieren, wenn Sie kurz innehalten, einen Stift zur Hand nehmen und einige Notizen machen. Geben Sie sich einen Ruck! Es lohnt sich!

Dieses Buch hat einen Anhang. Darin werden diagnostische Fragestellungen zu den in Kapitel 3 diskutierten Lernhürden beschrieben. Hierbei werden zu den zentralen mathematischen Inhalten Beobachtungsschwerpunkte in Bezug auf die genannten Lernhürden formuliert und konkrete Aufgabenstellungen vorgeschlagen. Diese Diagnose kann zum Einsatz kommen, wenn vermutet wird, dass Hürden nicht überwunden wurden.
Wir wünschen Ihnen eine informative, interessante und kurzweilige Lektüre sowie viel Freude und positive Erfahrungen beim Ausprobieren der Lernumgebungen.

Karlsruhe und Bielefeld im Januar 2012
Sebastian Wartha und Axel Schulz

Kopiervorlagen und Webcode: Sie können die Kopiervorlagen aus dem Buch entnehmen oder aus dem Internet als PDF-Datei herunterladen. Zu den PDF-Dateien finden Sie eine Zahlenkombination jeweils unter der Kopiervorlage. Geben Sie diese unter www.cornelsen.de/webcodes ein. Achten Sie bitte darauf, dass beim Ausdrucken bei Seitenanpassung „In Druckbereich einpassen" aktiviert ist, damit Sie eine DIN-A4-Seite bekommen.

1 Kompetenz- und prozessorientierte Diagnose

Das einleitende und ausführliche Fallbeispiel hat zwei Funktionen: Erstens soll geklärt werden, was Merkmale, Vor- und Nachteile einer kompetenz- und prozessorientierten Diagnose sind. Zweitens werden aus dem diagnostischen Gespräch inhaltliche Schlüsse gezogen, um daran besondere Hürden im Lernprozess herauszuarbeiten und Fördermöglichkeiten abzuleiten. Das Fallbeispiel ist inhaltlich gegliedert in folgende Bereiche: Rechnen im Zahlenraum bis 20 (Addition), Rechnen im Zahlenraum bis 100 (Subtraktion), Sachrechengeschichten (Subtraktion).

1.1 Fallbeispiel

Frau Westphal (Name geändert) ist eine 34-jährige Frau mit Hauptschulabschluss. Sie hat mehrere Berufsausbildungen begonnen, musste diese jedoch nach kurzer Zeit wieder aufgeben, als ihre Arbeitgeber bemerkten, dass ihre mathematischen Kenntnisse zu niedrig sind. Wegen eines Burnout-Syndroms war sie über ein halbes Jahr lang krank geschrieben und wandte sich schließlich für weitere Unterstützung an ein Berufsbildungswerk. Von diesem wurde Frau Westphal bei der Beratungsstelle für Rechenstörungen an der Uni Bielefeld angemeldet. Ausschnitte aus dem dort geführten prozessorientierten Diagnosegespräch bieten Anlass zur genaueren Betrachtung.

Analyse von Denkprozessen für Förderung

Bei der Analyse des Diagnosegesprächs ist es wenig hilfreich, den Fokus auf die Kompetenzen zu richten, die Frau Westphal *nicht* hat – denn dass sie Probleme beim Rechnen hat, ist durch ihre Vorgeschichte offensichtlich. Zielführender mit dem Anspruch ihr helfen zu können, ist die Frage nach sicherem Vorwissen. Über welche Kompetenzen beim Rechnen verfügt sie bereits? Dabei soll es keine Rolle spielen, ob diese Kompetenzen altersangemessen sind. Darüber hinaus geht es auch *nicht* darum, ob Frau Westphal die gestellten Aufgaben richtig löst. Es sind vielmehr die Lösungsprozesse, die Aufschluss darüber geben, an welcher Stelle die Hürden im Lernprozess zu suchen sind. Der fokussierte Blick sowohl auf die vorhandenen Fähigkeiten als auch auf die Lösungsprozesse kann im Anschluss helfen, ein individuell passendes Förderkonzept zu entwerfen.

Rechnen im Zahlenraum bis 20

Die ersten Aufgaben im Interview sind Rechnungen im Zahlenraum (ZR) bis 20.

Tab. 1.1: Interview mit Frau Westphal: 6 + 8
(Interviewer: I; Frau Westphal: W)

1	I	6 + 8		Interview
2	W	6 + 8 ? … Ich zähl das an den Fingern.		
3	I	Ja, machen Sie ruhig. Wichtig ist für mich, dass ich rauskrieg', wie Sie es machen.		
4	W	Ich zähle: 8 + 6 nehme ich erst mal, weil die 6 kleiner ist als die 8 und mit 8 geht's schneller. Dann zähle ich: 9, 10, 11, 12, 13, 14.	Zählt 9, 10, 11 an Zeige-, Mittel-, Ringfinger links, 12, 13, 14 an Zeige-, Mittel-, Ringfinger rechts.	
5	I	Und woher wissen Sie, dass Sie aufhören müssen mit dem Zählen?		
6	W	Weil es 6 Finger sind. Weil es die 6 sind, die ich zu der 8 zähle.		
7	I	O.K. Können Sie mir noch mal zeigen: Die 6 – wie Sie die sehen an den Fingern?		
8	W	Also hier sind drei	Zeigt Zeige-, Mittel- und Ringfinger links.	
9	I	und da sind drei Finger.	Zeigt Zeige-, Mittel- und Ringfinger rechts.	
10	W	Und ich zähle dann: 9, 10, 11, 12, 13, 14. Weil ich nicht durcheinanderkommen möchte.	Tippt zu jedem Zahlwort an einen Finger.	

STOPP – Aktivität!

Was fällt Ihnen in diesem ungewöhnlichen Interview auf?
Notieren Sie wenigstens 4 Punkte.
Welche weiteren Fragen ergeben sich aus den Informationen des Interviews?
Notieren Sie wenigstens 3 weiterführende Fragestellungen.

Frau Westphal löst die Aufgabe zählend mit der sog. Minimal-Strategie, d. h. sie zählt vom größeren Summanden weiter. Sie erkennt, nutzt und benennt dabei den Vorteil dieser Strategie: eine Beschleunigung des Zählvorgangs. Dazu hat sie erkannt, welche der beiden Zahlen größer ist. Sie nutzt die Strategie des Weiterzählens korrekt, indem sie bei 9 anfängt und richtig weiterzählt. Den Zählprozess kontrolliert sie dabei mit den Fingern. Sie weiß, dass das zuletzt genannte Zahlwort ihr Ergebnis ist. Sie kann die Sechs mit den Fingern simultan darstellen. Dabei unterteilt sie die Zahl in Doppel-Drei.

Kompetenzorientierte Diagnose:
- Frau Westphal kann Zahlen über die Kleinerrelation vergleichen (8 ist größer als 6).
- Sie kann die Kommutativität, also Tauschaufgaben, nutzen (6 + 8 = 8 + 6).
- Sie ist sehr sicher beim zählenden Lösen von Additionsaufgaben im ZR bis 20.
- Sie stellt die 6 an den Fingern simultan („auf einmal"), nicht zählend dar.
- Die Zahldarstellung der 6 lässt darauf schließen, dass sie die Zahlzerlegung der 6 in 3 + 3 beherrscht.
- Sie nutzt Material (ihre Finger) zur zählenden Lösung.
- Sie nutzt die fortgeschrittenste Zählstrategie: Weiterzählen ab dem größeren Summanden.

Nach diesen Beobachtungen bzw. Folgerungen erschließt sich eine große Möglichkeit von weiteren Fragestellungen, beispielsweise:
- Kann Frau Westphal auch größere Zahlen (76 und 67) vergleichen?
- Nutzt sie auch bei Aufgaben mit größeren Zahlen die Kommutativität (4 + 15)?
- Wie löst Sie Subtraktionsaufgaben im Zahlenraum (ZR) bis 20 (15 – 8)?
- Beherrscht sie tatsächlich die Zahlzerlegungen der 6 und anderer Zahlen (10 oder 8)?
- Wie löst sie diese Aufgabe mit anderem Material (z. B. dem Rechenrahmen)?
- Wie löst sie Aufgaben, bei denen zählende Lösungen aufgrund der großen Zahlen wenig sinnvoll sind (28 + 35, 82 – 45)?

Schon an dieser Stelle wird offensichtlich, welche Chancen sich aus den prozess- und kompetenzorientierten Beobachtungen dieser einen Bearbeitung für eine weitere Diagnose ergeben: Obwohl nur der Lösungsprozess bei *einer* Aufgabe im ZR bis 20 beobachtet und gedeutet wurde, kann hieraus eine Vielzahl weiterer Diagnoseaufgaben entwickelt werden.

Rechnen im Zahlenraum bis 100
Im Laufe des Diagnosegesprächs wurde die Aufgabe 41 – 39 gestellt.

> STOPP – Aktivität!
>
> Wie lösen Sie die Aufgabe 41 – 39?
> Können Sie Ihren Lösungsweg notieren (evtl. Skizze)?
> Lösen Sie die Aufgabe 41 – 27 mit der gleichen Strategie?
> Falls Sie verschiedene Strategien verwenden: Woran kann das liegen?
> Welche Lösungsmöglichkeiten erwarten Sie bei Frau Westphal?
> Notieren Sie wenigstens 3 Möglichkeiten.

Die meisten Menschen lösen die 41 – 39 über eine Strategie des Ergänzens oder Vergleichens. Hierbei wird das Minuszeichen im Sinne der Frage nach dem Unterschied interpretiert. Außerdem wird genutzt, dass die Zahlen 41 und 39 „nahe beieinander liegen". In der Regel werden also die 39 von der 41 nicht weggenommen, wie dies vielleicht bei der Aufgabe 41 – 27 naheliegt. Um diese effektive Strategie des Ergänzens bzw. des Bestimmens des Unterschieds nutzen zu können, sind wenigstens zwei Voraussetzungen nötig:
- Die Nähe der Zahlen wird bemerkt (ordinales Zahlverständnis).
- Das Minuszeichen wird nicht nur mit Strategien des Wegnehmens, sondern auch mit Strategien des Vergleichens oder Ergänzens in Verbindung gebracht.

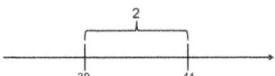

Abb. 1.1: 41 – 39 am Zahlenstrahl

Auf der Grundlage der bisherigen Beobachtungen und Folgerungen können vorab Vermutungen über Frau Westphals Lösungsweg angestellt werden:
- Frau Westphal könnte die Aufgabe zählend lösen, entweder vorwärts von der 39 zur 41, oder rückwärts von der 41 zur 39. Hierbei wäre interessant zu beobachten, wie der Zählprozess abläuft und zu welchem

Ergebnis Frau Westphal kommt: 3 (weil 39, 40, 41 „gezählt" wird) 1 (weil eine Zahl zwischen 39 und 41 liegt)?

- Sie versucht die Aufgabe rückwärts zählend zu lösen (von 41 aus 39 Schritte zurück).
- Sie zerlegt die Zahlen in Z (Zehner) und E (Einer) und zählt zunächst 4 Z um 3 Z zurück. Zum Zwischenergebnis 10 wird dann die 1 wieder addiert und anschließend die 9 (zählend) subtrahiert.
- Über eine Strategie des gleichsinnigen Veränderns kann die Aufgabe 41 − 39 mit der Aufgabe 11 − 9 gleichgesetzt werden (bei Minuend und Subtrahend werden jeweils 3 Zehner weggenommen; das Ergebnis ändert sich nicht). Die Aufgabe 11 − 9 wiederum kann über verschiedene Zählstrategien gelöst werden.
- Sie greift auf andere Strategien zurück, z. B. die Strategie Stellenwerte-Extra: 40 − 30 = 10, 9 − 1 = 8, 10 + 8 = 18 (in diesem Fall mit typischem Fehler).

Viele weitere mögliche Lösungen sind denkbar. Ein Blick auf den Interviewausschnitt soll Klarheit schaffen und weitere Analysen ermöglichen:

Tab. 1.2: Interview mit Frau Westphal: 41 − 39

1	I	41 − 39	
2	W	41 − 39, da müsste ich jetzt ganz lange rechnen.	
3	I	Ja machen Sie ruhig, ich habe keinen Termin mehr.	*Beide lachen.*
4	W	Ich geh' von 9 bis 11, das sind 2. Die nehme ich dann zu der ... Jetzt hab ich's wieder vergessen.	
5	I	Ja, ist egal, dann machen wir wieder von vorne.	
6	W	Wie viele waren das jetzt?	
7	I	41 − 39	
8	W	41 − 39. Dann packe ich die 2 zu der 9, das sind 10, 11. 11 bis 14. 12, 13, 14, das sind ... Ja, schwierig.	*Zählt 12, 13, 14 durch Ausstrecken der Finger. Schulterzucken*
9	W	Schwierig? Sie können es auch aufschreiben.	
10	W	Also es waren 41 ...	

11	I	... minus 39.	
12	W	Notiert: $\begin{array}{r}4\,\overset{1}{1}\\-\,\overset{3}{\cancel{3}}9\\\hline\overset{1}{}2\end{array}$	*Bei der 39 beginnt Frau W. mit der Ziffer 9 an der Zehnerstelle, verbessert sich aber.*
13	W	Also von 9 bis 11 sind 2.	*Notiert die 2 an der Einerstelle im Ergebnis.*
14	W	Dann merk' ich mir 1, das sind 4.	*Notiert die Übertragseins an der Zehnerstelle.*
15	W	4 bis 4 sind 0. Das sind 2.	

Zusammenfassung:
Sie bestimmt die Differenz von 9 zur 11 und beginnt mit dieser Überlegung ihre Lösung. Die ermittelte 2 scheint ein Zwischenergebnis zu sein, mit dem sie weiterrechnen will [4]. Im zweiten Lösungsansatz [8], bei dem sie zunächst ergänzend vorgeht, nämlich weiterzählend von der 9 bis zur 11 [8], soll nach der erneuten Ermittlung der Differenz von der 11 bis zur 14 ergänzt werden, an dieser Stelle stockt der Lösungsprozess erneut.

Beim Aufschreiben der Aufgabe nutzt sie die Notation eines schriftlichen Subtraktionsverfahrens und schreibt hierbei die Zahlen in den Stellenwerten korrekt untereinander. Einen Zahlendreher bei der 39 bemerkt sie beim Notieren der 9 an der Zehnerstelle und verbessert die Notation. Sie kann einen schriftlichen Algorithmus zum Subtrahieren mit Ergänzen sicher ausführen.

Kompetenzorientierte Diagnose:
- Frau Westphal kann im ZR bis 20 (zählend) ergänzen.
- Der schriftliche Algorithmus wird sicher gekonnt und angewandt, auch hier mit der Strategie „Ergänzen".
- Ein Zahlendreher wird von ihr selbst entdeckt und verbessert.
- Auch hier ergeben sich viele weitere Fragen:
- Wenn Frau Westphal im ZR bis 20 ergänzen kann und ihr erster Ansatz das Ergänzen ist, warum nutzt sie diese Strategie nicht *direkt* für die gegebene Aufgabe 41 – 39 (so wie es die meisten Leserinnen und Leser tun würden)?

- Würde sie die Aufgaben 19 – 17 oder 22 – 19 ebenfalls mit dem schriftlichen Algorithmus lösen?
- Würde ihr an dieser Stelle ein Veranschaulichungsmittel helfen, diesen Zusammenhang zu erkennen?
- Welches wäre das (z. B. der Zahlenstrahl)?
- Kennt sie dieses Veranschaulichungsmittel überhaupt und kann sie es nutzen?
- Unterlaufen ihr häufig Zahlendreher und erkennt sie diese immer?

Sachrechengeschichte/Grundvorstellungen

Bei einer weiteren Aufgabe wurden nicht Rechenstrategien analysiert, sondern untersucht, ob zu einer Sachsituation die entsprechende Rechenoperation ausgewählt wird. Die Rechnung konnte anschließend mit dem Taschenrechner bestimmt werden. Die erste Rechengeschichte ist ein typischer Sachzusammenhang, bei dem der realitätsnahe Kontext eine Wegnehmsituation (Einkaufen) beschreibt, die in einen Subtraktions-Rechenausdruck übersetzt werden soll.

Tab. 1.3: Interview mit Frau Westphal: Aufgabe „Fahrkarte"

Interview				
	1	I	Sie kaufen eine Fahrkarte, die kostet 24 €. Sie zahlen mit einem 50-€-Schein. Wie viel Geld müssen Sie rausbekommen?	
	2	W	Ich würde 50 – 24 nehmen.	*Denkt ca. 10 Sekunden nach.*
	3	I	… Mhm!	
	4	W	Das sieht dann so aus: 50 minus 24, sind … Kann doch gar nicht sein.	*Tippt 50 – 24 in den Taschenrechner. Ergebnis: 26.*
	5	I	Was kriegen Sie raus?	
	6	W	26.	
	7	I	Warum kann das nicht sein?	
	8	W	Weil die Differenz viel größer ist zwischen 50 und 24.	
	9	I	Wie groß müsste die ungefähr sein? So geschätzt oder gefühlt?	
	10	W	… hm … kann man schlecht schätzen.	*Schüttelt den Kopf.*

Zusammenfassung:
Frau Westphal wählt (nach einiger Bedenkzeit) die passende Operation und tippt die Aufgabe richtig in den Taschenrechner ein. Hierbei unterläuft ihr bei der 24 kein Zahlendreher, ebenso wenig beim Lesen des Ergebnisses. Sehr bemerkenswert ist, dass sie ihr Ergebnis überprüft und zu dem Schluss kommt, dass es nicht stimmen könne. Bemerkenswert ist das deshalb, weil genau dieser Schritt des Lösungsprozesses, insbesondere wenn ein Taschenrechner im Spiel ist, oft nicht mehr erfolgt: Häufig wird ein Ergebnis unreflektiert übernommen, wenn es vom Taschenrechner ausgegeben wird.

Kompetenzorientierte Diagnose:
- Die Vermutung, dass Frau Westphal die Stellenwerte richtig zuordnen und notieren (hier in den Taschenrechner eintippen) kann sowie keine Zahlendreher im Zahlenraum bis 100 macht, wird bestätigt.
- Sie wählt für diese Sachsituation die richtige Rechenoperation.
- Sie kann einen Taschenrechner bedienen.
- Sie überprüft, ob ihre Lösung angemessen ist.

Sollte das Interview an dieser Stelle beendet werden mit der Empfehlung an Frau Westphal, sich auf die Ergebnisse, die der Taschenrechner ausgibt, zu verlassen? Einige Argumente sprechen dafür: Sie macht keine Zahlendreher, kann also Zahlen korrekt in den Taschenrechner eintippen, und sie wählt die korrekte Operation zu einer Sachsituation. Es ist offenkundig, dass der Taschenrechner für sie eine Erleichterung darstellt, der sie bei – subjektiv gesehen – schwierigen Rechnungen entlastet. Doch es gibt mindestens ebenso viele Argumente dafür, genau dies nicht zu tun.

Grundsätzlich gefragt: **Hilft ein Taschenrechner?**
Es käme wohl keine Lehrkraft in der Grundschule auf die Idee, Kindern der ersten Jahrgangsstufen einen Taschenrechner an die Hand zu geben, damit diese durch das Eintippen der Aufgaben diese erfolgreich bearbeiten können. Wäre das hingegen für Frau Westphal ein Ausweg aus den „umständlichen" Rechenwegen?
Pro: Die Vorteile des Taschenrechners liegen auf der Hand, auch wenn er in der ersten Klasse eingesetzt würde: Bei richtiger Bedienung werden auf schnellem und sicherem Wege richtige Ergebnisse produziert. Im Gegensatz zu anderen verwendeten Materialien wird der Taschenrechner lebenslang eingesetzt, es wird also schon früh eine „Kulturtechnik" erworben. Eine frühe Einführung würde auch eine deutliche Zeitersparnis mit sich bringen und im Unterricht könnte schon deutlich früher in größeren Zahlenräumen operiert werden.

Kontra: Berechtigterweise gegen die verfrühte Einführung des Taschenrechners spricht, dass Kinder richtige Ergebnisse erhalten, ohne dass sie Grundvorstellungen zu den verwendeten Zahlen aufbauen. Für welche Mengen beispielsweise die Symbole 4 oder 17 stehen kann hierbei nicht gelernt werden. Auch ist die Gefahr groß, dass die Rechenoperationen nicht verstanden werden, sondern die Zeichen + und − nur eine unverstandene Taste darstellen und nicht mit Situationen des Hinzufügens, Wegnehmens oder Vergleichens in Verbindung gebracht werden. Weiterführende Kompetenzen wie Schätzen oder gar ein Zahlen- und Aufgabenblick können nicht oder nur sehr erschwert erworben werden. Das sind – nebenbei bemerkt – auch Argumente, die gegen die verfrühte Einführung der schriftlichen Rechenverfahren sprechen.

Die mathematischen Kompetenzen von Frau Westphal entsprechen im Wesentlichen denen einer Erst- bzw. Zweitklässlerin. Die Bearbeitung von Aufgaben mit einem Taschenrechner oder mithilfe der schriftlichen Rechenverfahren erleichtert die Bestimmung richtiger Ergebnisse, hilft aber nicht beim Aufbau eines Verständnisses der verwendeten Zahlen.

Ein letzter Ausschnitt des Interviews soll beschreiben, dass der Taschenrechner häufig keine Lösung bei besonderen Schwierigkeiten im Rechnen darstellt.

Tab. 1.4: Interview mit Frau Westphal: Aufgabe „Bürostuhl"

Interview				
	1	I	Sie möchten sich einen neuen Bürostuhl kaufen, der kostet 360 €. Sie haben aber erst 140 € im Geldbeutel. Wie viel Geld müssen Sie noch holen, damit Sie ihn bezahlen können?	
	2	W	Ja, 360 geteilt durch 140?	*Tippt die Aufgabe ein.*
	3	I	Ja …	
	4	W	Was wäre das jetzt?	
	5	I	Äh, das ist eine Kommastelle, oder zwei Punkt … tja, da hört es bei mir wieder auf.	

Zusammenfassung:
Sie tippt erneut die Zahlen richtig ein, wählt allerdings diesmal die falsche Operation. Beim Lesen des Ergebnisses erkennt sie die Kommaschreibweise, kann diese allerdings nicht interpretieren.

Kompetenzorientierte Diagnose:
- Sie tippt dreistellige Zahlen korrekt in den Taschenrechner ein.
- Die Vermutung, dass Frau Westphal einfache Sachsituationen mit einem Taschenrechner bewältigen kann, bestätigt sich *nicht*.

Woran liegt das? Wäre es ihr in einem kleineren Zahlenraum gelungen? Könnte sie also eine „strukturgleiche" Geschichte mit kleineren Zahlen richtig eintippen? Oder sind es nicht die Zahlen, sondern ist es die „Struktur" der Geschichte, die das richtige Bearbeiten verhindert?

In Bezug auf die Größe der Zahlen begegnet uns bei Rechengeschichten häufig das Phänomen, dass Kinder im kleinen Zahlenraum über eine Rechnung das richtige Ergebnis bestimmen können, nicht jedoch, wenn die Zahlen zu strukturgleichen Geschichten aus einem größeren Zahlenraum sind. Bei Frau Westphal kann jedoch argumentiert werden, dass sie auch im Zahlenraum bis 50 keine tragfähigen Vorstellungen zu den Zahlen aufbauen konnte – andernfalls hätte sie nicht das Ergebnis 26 bei der Aufgabe 50 – 24 verworfen.

Interessant ist eine Analyse der „inneren Struktur" der Aufgabe. Der Aufgabe „Fahrkarte" liegt eine Situation des Wegnehmens zugrunde: von 50 € werden 24 € für die Fahrkarte *weggenommen*, das verbleibende Geld stellt das Ergebnis dar. Bei der Aufgabe „Bürostuhl" muss das Ergebnis hingegen zu einer Situation des *Ergänzens* bestimmt werden. Während Situationen des Wegnehmens selbstverständlich mit der Operation *minus* in Verbindung gebracht werden, ist dies bei Ergänzungssituationen nicht so selbstredend der Fall. Vielleicht wäre die Übersetzung der Aufgabe in den Term 140 € + _ = 360 € nahe liegender als 360 € – 140 € = __. Bei der Berechnung mit einem einfachen Taschenrechner ist jedoch nur die Eingabe des zweiten Terms möglich.

Struktur der Aufgabe beachten

Der Taschenrechner stellt somit für Frau Westphal – ebenso wie die Beherrschung der schriftlichen Rechenverfahren – keine Hilfe für den Einsatz von Mathematik im Alltag und Beruf dar.

Wieso wird hier eigentlich ein Interview mit einer Erwachsenen diskutiert?

Hier können wenigstens vier Gründe für die Wahl dieses authentischen Beispiels angeführt werden:
(1) Die mathematischen Kompetenzen entsprechen in einigen Bereichen denen eines Schulanfängers: Zählende Bestimmung von Rechenergebnissen im Zahlenraum bis 20; keine Nutzung von operativen Rechen-

strategien in diesem Zahlenraum und darüber hinaus, einseitige Operationsvorstellungen (Subtrahieren nur als Wegnehmen, nicht als Ergänzen), Kenntnis von Ziffern und Zahlsymbolen. Frau Westphal hat große Schwierigkeiten, im Alltag und im Rahmen ihrer Ausbildung den mathematischen Anforderungen gerecht zu werden. Die zentrale Ursache kann in den nicht erworbenen mathematischen Kompetenzen ab Jahrgangsstufe 2 gesehen werden.

(2) Die Kompetenzen und Defizite von Frau Westphal sind nicht ungewöhnlich: Vergleichbare Probleme können bei zahlreichen Kindern auch ab Klasse 2 bis in die Sekundarstufe beobachtet werden. Die häufige Umschreibung dieser Probleme mit Vokabeln wie „Rechenstörung", „Rechenschwäche" oder „Dyskalkulie" sind für die Erarbeitung von Fördersituationen wenig hilfreich. Zielführend ist allerdings die Orientierung an zentralen mathematischen Inhalten, die als Grundbausteine für ein erfolgreiches Weiterlernen unverzichtbar sind. Wird den Kindern (Jugendlichen, Erwachsenen) bei der Überwindung dieser Hürden nicht geholfen, dann ist die Gefahr groß, dass sich vergleichbare Schwierigkeiten wie bei Frau Westphal einstellen. Diese Hürden können recht klar benannt werden und werden in den folgenden Kapiteln genauer beschrieben.

(3) Häufig wünschen sich die am Lernprozess Beteiligten, dass sich Defizite in diesem grundlegenden Bereich mit der Zeit „auswachsen." Dieses Wunschdenken ist bisweilen nicht nur bei Eltern, sondern leider auch bei den pädagogischen Fachkräften mitunter anzutreffen. Das vorliegende Beispiel zeigt sehr deutlich auf, dass es einigen Kindern eben nicht gelingt, im Laufe der weiteren Schulbildung oder „durch das Leben" die nötigen Kompetenzen aufzubauen, um im Alltag und Beruf erfolgreich bestehen zu können. In neun Jahren Schule und in den anschließenden Berufsausbildungen konnte Frau Westphal das zählende Rechnen nicht überwinden und beispielsweise keine tragfähigen Grundvorstellungen zur Subtraktion (außer dem Wegnehmen) aufbauen.

(4) Die gute Nachricht: Eine gezielte Förderung hat auch bei Frau Westphal geholfen. Frau Westphal wurde an der Universität Bielefeld durch qualifizierte Studierende je eine Stunde wöchentlich gefördert. Sie konnte innerhalb eines Jahres das zählende Rechnen überwinden und im Zahlenraum bis 100 operative Rechenstrategien aufbauen. Hierbei verbesserten sich ihre Grundvorstellungen zu den Zahlen deutlich und sie konnte Ergebnisse in diesem Zahlenraum hinsichtlich ihrer Größe sehr gut beurteilen.

Diese Fördererfolge, die sich in zunehmender Sicherheit im Umgang mit mathematikhaltigen Situationen im Alltag widerspiegeln, wurden nicht durch altersspezifische, spezielle Fördermaßnahmen erreicht, sondern durch die Umsetzung des in Kap. 4 beschriebenen Förderkonzeptes. Die Förderung knüpft hierbei an die Kompetenzen von Frau Westphal an und hat das Ziel, den Aufbau von Grundvorstellungen zu den mathematischen Inhalten zu unterstützen. Gefördert wurde mit genau den gleichen Übungsformaten, die sonst bei Kindern der Primarstufe in der Förderung und zum Teil im Regelunterricht der ersten beiden Schuljahre eingesetzt werden.

1.2 Merkmale einer prozessorientierten Diagnose

Im Sinne einer produktorientierten Sichtweise hat Frau Westphal bei 3 von 4 Aufgaben richtige Lösungen erzielt, was auf den ersten Blick nicht alarmierend ist. Bei dieser Sichtweise bleiben jedoch weitere Handlungsoptionen unklar. Erst wenn die Bearbeitungswege berücksichtigt werden, kann offensichtlich werden, welche Prozesse bereits gekonnt werden und welche in Abgrenzung dazu noch nicht. Daher wurde im Interview nicht auf richtige Ergebnisse geachtet, sondern der Frage nach Lösungswegen nachgegangen. Hierzu wurde auch nicht rückgemeldet, ob die Aufgaben richtig gelöst wurden. Ziel des Interviews ist die Frage nach der Sicherheit bei der Ermittlung und Begründung der Ergebnisse. Das kann dann herausgefunden werden, wenn die letzte Instanz bei der Entscheidung „richtig-falsch" nicht der Interviewer, sondern die Interviewte ist.

Tab. 1.5: Produkt- und Prozessorientierung im Vergleich

Aufgabe mit Lösung	Produktorientierte Diagnose	Prozessorientierte Diagnose
6 + 8 = 14	Richtig gelöst	Bearbeitet über die Strategie „Weiterzählen ab dem größeren Summanden"; Kontrolle des Zählprozesses an den Fingern.
41 − 39 = 2	Richtig gelöst	Bearbeitung über den schriftlichen Algorithmus „Ergänzen mit Erweitern", Rechenschritte über Zählstrategien bearbeitet.

Aufgabe mit Lösung	Produktorientierte Diagnose	Prozessorientierte Diagnose
Fahrkarte 24 €; Gegeben 50 €. Rückgeld gesucht: 26 €	Richtig gelöst	Bearbeitung am Taschenrechner, Ergebnis 26 € wird stark angezweifelt. Ergebnis kann auch nicht geschätzt werden.
Bürostuhl kostet 360 €, vorhanden 140 €. Fehlender Betrag gesucht: z. B. 220 €.	Nicht (korrekt) gelöst	Wahl der Division statt Subtraktion als Rechenoperation. Anzweifeln des Ergebnisses, aber keine Begründung, wo der Fehler liegen könnte.

Der zentrale Vorteil der prozessbezogenen Sichtweise ist, dass die Bearbeitungsprozesse deutlich mehr konkrete Hinweise auf Förderschwerpunkte geben als die Anzahl richtiger Lösungen. Im Falle von Frau Westphal können diese schon sehr deutlich benannt werden:
- Ablösung vom zählenden Rechnen und Erarbeitung operativer Strategien im Zahlenraum bis 20
- Erarbeitung tragfähiger Kopfrechenstrategien im Zahlenraum bis 100 mit dem Ziel
- Vorstellungen zur Zahl als Mengenangabe und zur Zahl als Position („Orientierung im Zahlenraum") aufbauen
- Aufbau von Operationsvorstellungen zum Subtrahieren als Ergänzen und Vergleichen

Prozesse sind aufschlussreicher als Produkte.

Die bearbeiteten Aufgaben von Frau Westphal schaffen die Perspektive für weitere Fragestellungen. Bei jedem der vier Ausschnitte kann – wie gezeigt wurde – aus den gegebenen Antworten eine Vielzahl von weiterführenden Fragestellungen entwickelt werden. Ob diese dann direkt im Anschluss gestellt werden, muss mit Blick auf die Zielsetzung der Diagnose und die zur Verfügung stehende Zeit entschieden werden. Diese Fragen orientieren sich situativ und flexibel an den Kompetenzen der Interviewten und nicht an einem festgelegten Fragebogen. Die Vorteile dieser Vorgehensweise werden im Folgenden geklärt.

1.3 Merkmale einer kompetenzorientierten Diagnose

So wie die prozessorientierte Diagnose von einer produktorientierten unterschieden werden kann, kann eine kompetenz- von einer defizitorientierten Sichtweise unterschieden werden.

Traditionell wird bei leistungsschwachen Kindern eher eine defizitorientierte Sichtweise eingenommen (Johannes rechnet nicht über den Zehner, er kann noch so gut wie keine Aufgaben auswendig etc.). Für die Gestaltung von Fördersituationen ist ein Umdenken hilfreich. In der Diagnose sollen die Kompetenzen des Kindes ermittelt werden, also die sichere Grundlage, an die in Fördersituationen angeknüpft werden kann.

Wünschenswert ist ein Zusammenspiel von defizitorientierter Sichtweise zur Identifikation von Förderschwerpunkten und kompetenzorientierter Perspektive zur Ermittlung des Lernstandes und der Anknüpfungspunkte von Förderung bzw. Unterricht.

Hierbei orientieren sich die gestellten Aufgaben an dem, was das Kind kann, und nicht daran, was es können sollte. Die Wahl des Beispiels macht diesen Aspekt deutlich: Hätte Frau Westphal eine Hauptschulabschlussarbeit bearbeitet, wären sicherlich viele Aspekte zu beobachten gewesen, die in diesem Interview nicht im Ansatz festgestellt wurden. So hätte herausgefunden werden können, dass sie in einem rechtwinkligen Dreieck Kathete und Hypotenuse nicht unterscheiden oder dass sie verminderte Prozentwerte nicht ermitteln kann. Nicht beantwortet werden kann dann jedoch die Frage nach der Gestaltung einer Förderung, die an Vorwissen anknüpft.

Vorwissen diagnostizieren, um daran anzuknüpfen.

Bei Kindern stellt sich die Frage nach geeigneten Diagnoseaufgaben in ähnlicher Weise: Welche Schlüsse können aus der Klassenarbeit eines Viertklässlers gezogen werden, der keine Aufgabe bis auf die schriftlichen Additionen richtig löst?

Die Interpretation der Lösungswege orientiert sich ebenfalls nicht daran, was die Interviewte bereits können sollte. Auch hier wird am gegebenen Beispiel deutlich, wie wenig zielführend die Orientierung an der Altersgruppe bzw. dem Lehrplan sein kann. Hiernach könnte nur festgestellt werden: Frau Westphal kann im Bereich Mathematik nicht das, was von einer 34-Jährigen mit Hauptschulabschluss gewöhnlich zu erwarten ist. Das konnte allerdings schon vorher aus ihrem Werdegang geschlossen werden. Zielführender in Bezug auf eine angestrebte Förderarbeit ist die Feststellung: Das rechnerische Niveau, das erreicht wird, ist ungefähr das einer Zweitklässlerin.

Tab. 1.6: Defizit- und Kompetenzorientierung im Vergleich

Aufgabe mit Lösung	Defizitorientierte Diagnose	Kompetenzorientierte Diagnose
6 + 8 = 14	Nicht auswendig, nicht schrittweise über die 10, nicht Verdopplung genutzt.	Kann 6 und 8 vergleichen, nutzt Kommutativität. Zählt weiter ab größerem Summanden, zählt richtig und stellt die 6 simultan als 3 + 3 dar.
41 – 39 = 2	Nicht ergänzt, Nähe der Zahlen nicht genutzt (Defizit: Zahl als Position im ZR bis 50).	Schreibt Zahlen richtig, kann schriftlichen Algorithmus, Subtrahieren mit Ergänzen und Erweitern, sicher durchführen.
Fahrkarte 24 €; Gegeben 50 €. Rückgeld gesucht: 26 €	Kann Ergebnis nicht abschätzen (Defizit: Zahl als Menge/Größe im ZR bis 50).	Tippt Zahlen richtig in den Taschenrechner. Richtige Rechenoperation gewählt, richtiger Term eingegeben. Evaluiert Ergebnisse.
Bürostuhl kostet 360 €, vorhanden 140 €. Fehlender Betrag gesucht: z. B. 220 €.	Wählt falsche Rechenoperation (Defizit: Vorstellung zum Subtrahieren als Ergänzen).	Tippt auch größere Zahlen richtig in den Taschenrechner. Evaluiert Ergebnisse.

Diese Einordnung ermöglicht durchaus eine inhaltliche Förderperspektive: Thematisiert werden muss zunächst der Stoff des ersten und zweiten Schuljahres.

STOPP – Aktivität!

Führen Sie zu dem Interviewausschnitt eine prozessorientierte Diagnose durch.

Tab. 1.7: Interview mit Leopold: Rechnen im Zahlenraum bis 100

Interview	1	I	58 – 36	
	2	L	Da rechne ich erst mal: 50 – 30. Ist 40, 30, 20. Und dann 20 – 6.	Klappt nacheinander 6 Finger auf.
	3	L	Ist ... 14. Und dann noch 14 + 8. ... ist 22.	

4	I	25 + 17	
5	L	Ich rechne erst 20 + 10 ist 30. Dann minus 7. Ist … … 23. Und dann noch + 5. Ist 28.	
6	I	Schreib mal auf.	
7	L		*Schreibt: 25 + 17 = 28.*
8	I	Kannst du mir die Rechnung mal an den Holzsachen (gemeint: Mehrsystemblöcke) zeigen? Was brauchst du da?	
9	L	Erst mal 2 Z-Stangen und noch eine Z-Stange.	
10	I	Hier.	
11	L	Und dann … wie viel? 35?	
12	I	Die Rechnung heißt 25 + 17.	
13	L	Ok. Dann noch 5 E-Würfel. Und noch 7 E-Würfel.	
14	I	Kannst du das Ergebnis sagen?	
15	L	Ja (zählt ab) 30, 35, 36, 37, 38, 39, 40, 41, 42.	
16	I	Schreib die Aufgabe mal auf.	
17	L		*Schreibt korrekt auf.*
18	I	Ok. Du hast einmal 28 rausbekommen und einmal 42. Was stimmt denn?	
19	L	(überlegt lange). 28.	
20	I	Warum?	
21	L	Weil ich bei dem +7 gerechnet habe.	*Deutet auf das Material.*
22	L	Ich sollte aber – 7 rechnen.	
23	I	Warum solltest du – 7 rechnen?	
24	L	Weiß ich auch nicht so genau. Den Trick hat mein Vater mir verraten.	
25	I	Aha. Und der Trick. Funktioniert der immer?	
26	L	Meistens funktioniert der.	

1.4 Zusammenfassung

In diesem Kapitel wurden Merkmale einer kompetenz- und prozessorientierten Diagnose an einem Beispiel erläutert und dargestellt.

Diese Merkmale sind:
- Flexible, adaptive Gestaltung des Interviews: Welche Fragen ergeben sich aus bestimmten Antworten?
- Großer Erkenntnisgewinn: An welches Vorwissen kann angeknüpft werden? Welche Inhalte müssen vorrangig erarbeitet werden?
- Direkt ableitbare Handlungsoptionen: z. B. Ablösung vom zählenden Rechnen, Besprechen von Sachsituationen, aber kein Vertiefen der schriftlichen Verfahren, keine *Übungen* zum Rechnen im ZR bis 20.
- Die Durchführung der Diagnose erfordert ein großes und flexibles mathematikdidaktisches Wissen: In Bezug auf das Angebot geeigneter Aufgaben und in Bezug auf die Interpretation und Einordnung der Antworten.

Darüber hinaus konnten bereits viele inhaltliche Anknüpfungspunkte für eine mögliche Förderung herausgearbeitet werden. In den nächsten Kapiteln wird nun geklärt, wie der Aufbau von Grundvorstellungen zu Zahlen, Operationen und Strategien dazu beitragen kann, betroffene Lerner gezielt zu fördern.

Grundvorstellungen

2.1 Grundvorstellungen: Begriffsklärung

Der Begriff *Grundvorstellung* (GV) hat in der deutschen Mathematikdidaktik eine lange Tradition. Ein umfassender Überblick sowie eine theoretische Fundierung des Begriffs ist bei vom Hofe (1995) und praxisorientierter bei vom Hofe (2003) dargestellt. Das Grundvorstellungskonzept kann für die Organisation von Diagnose- und Fördersituationen sehr hilfreich sein, weil hierüber sowohl unterrichtliches Handeln organisiert (Auswahl geeigneter Aufgaben, Planung von Lernumgebungen) als auch Denk- und Lernprozesse (Auswertung einer Diagnose) genau untersucht und dokumentiert werden können. Zur Beschreibung von Grundvorstellungen wird der klassische Modellierungskreislauf (vgl. Blum et al. 2004; Schupp 1988; vom Hofe 2003) in leicht abgeänderter Form herangezogen (vgl. Wartha 2011). In diesem Grundvorstellungsdiagramm können die verschiedenen Schritte bei der Lösung von mathematikhaltigen Aufgaben nachgezeichnet und die Rolle von Grundvorstellungen verdeutlicht werden.

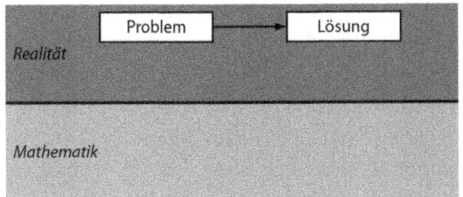

Abb. 2.1: Grundvorstellungsdiagramm – Lösung ohne GV

Häufig können typische Textaufgaben wie *„Max hat 27 Gummibärchen, Maria nimmt ihm 18 weg. Wie viele hat er noch?"*, ohne Übersetzungsprozesse innerhalb der Realität bearbeitet werden (Abb. 2.1). Hierzu werden 27 Gummibärchen (oder andere Repräsentanten) auf den Tisch gelegt und die Situation der Aufgabe direkt nachgespielt. Das Ergebnis (9 Gummibärchen) liegt auf dem Tisch.

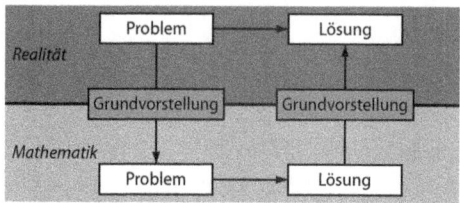

Abb. 2.2: Grundvorstellungsdiagramm – Lösung mit GV

Es gibt jedoch auch einen alternativen Bearbeitungsweg: Die Situation wird in die Fachsprache und Symbolik der Mathematik übersetzt (z. B. in den Term 27 – 18). Mithilfe mathematischer Werkzeuge wird nun eine Lösung ermittelt (27 – 10 = 17; 17 – 8 = 9). Diese mathematische Lösung kann zurück in den realen Kontext übersetzt werden: 9 Gummibärchen hat er noch. Bei diesem zweiten Lösungsweg müssen Übersetzungsprozesse vorgenommen werden (zwischen „Realität" und mathematischen Symbolen). Diese gelingen, wenn Grundvorstellungen zu den mathematischen Zeichen aufgebaut sind. Das Subtraktionszeichen wurde nicht deshalb gewählt, weil im Sachzusammenhang bestimmte Zahlen oder Gummibärchen vorkommen – es geht vielmehr um eine Übersetzung der Handlung. Bei anderen Zahlen und Schokopralinen wäre in vergleichbaren Situationen des Wegnehmens bzw. Aufessens, Stehlens, … ebenfalls die Subtraktion die passende mathematische Rechenoperation.

Aus Studien ist bekannt, dass annähernd alle Schulanfänger Aufgaben der Art *„Maria hat 5 Murmeln. Hans hat 8 Murmeln. Wie viele Murmeln muss Maria noch bekommen, damit sie so viele hat wie Hans?"* erfolgreich bearbeiten können (Stern 1998: 96 % der befragten Schulanfänger).

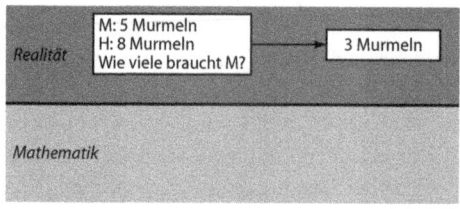

Abb. 2.3: Beispiel für Bearbeitung ohne mathematische Grundvorstellungen

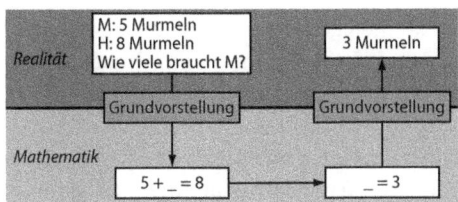

Abb. 2.4: *Beispiel für Aktivierung von Grundvorstellungen*

Die Aufgabe wird von den Kindern sehr häufig richtig gelöst, da sie in der Regel die Aufgabe innerhalb der realen Situation bearbeiten, sie eventuell mit Plättchen oder anderen Objekten nachstellen. Eine Übersetzung in den zugehörigen mathematischen Term 5 + _ = 8 findet meist nicht statt. Aufgaben dieser Schreibweise können von Schulanfängern oft nicht bearbeitet werden. Hier fehlen Grundvorstellungen zu den verwendeten mathematischen Zeichen. Häufig können die Zeichen 5 und 8 schon in Mengen übersetzt werden, auch gibt es Kinder, die bereits von den Eltern oder im Kindergarten etwas von der Bedeutung des Zeichens + gehört haben. In der Regel sind aber keine tragfähigen Grundvorstellungen zum Platzhalter und zum Gleichheitszeichen aufgebaut.

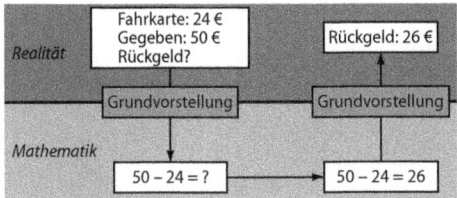

Abb. 2.5: *Aufgabe „Fahrkarte" im Grundvorstellungsdiagramm*

Eine idealtypische Lösung der Aufgabe „*Sie kaufen eine Fahrkarte, die 24€ kostet und bezahlen mit 50€. Wie viel müssen sie zurückbekommen?*" kann über folgende Schritte erfolgen: Zunächst wird eine realitätsnahe Problemstellung in ein mathematisches Modell (50 − 24) übersetzt. Zu dem aufgestellten Term kann über innermathematische Strategien ein Ergebnis (26) bestimmt werden. Dieses Ergebnis wird nun wieder in den realitätsnahen Kontext zurück übersetzt, indem die ermittelte Zahl als Maßzahl im Größenbereich Geld interpretiert wird und der Bezug zur Aufgabenstellung hergestellt wird (Rückgeld beträgt 26€). Idealerweise findet nun eine Evaluation des Ergebnisses an der Aufgabenstellung statt. Wenn das Resultat als unrealistisch erachtet wird, dann können Fehler an verschiedenen Schritten im Lernprozess verortet werden: Möglicherweise wurde ein falsches Modell (50 + 24) aufgestellt oder es liegt ein Rechenfehler vor.

Eine zentrale Herausforderung ist bei dieser Aufgabe die Übersetzung der vorgegebenen realen Situation in einen mathematisch-symbolischen Term. Für diese Übersetzung muss das Wegnehmen mit Minus, das gegebene Geld mit dem Minuenden und der zu zahlende Preis mit dem Subtrahenden in Verbindung gebracht werden. Das gelingt, wenn eine Grundvorstellung zum Subtrahieren als Wegnehmen aktiviert wird. Die Grundvorstellung ermöglicht das Übersetzen zwischen Wegnehmsituationen und Minustermen unabhängig von den betrachteten Größen (Geldbeträge, Längen, Äpfel, Birnen, Perlen am Rechenrahmen, ...) und den verwendeten Zahlen (50 – 24, 49 – 27, ...).

Durch die Darstellung eines typischen Lösungsweges der Aufgabe „*Ein Bürostuhl kostet 360 €, im Geldbeutel sind aber nur 140 €. Wie viel Geld brauchen Sie noch?*" im Kreislauf werden zwei zentrale Unterschiede auf sachanalytischer Ebene zur Fahrkarten-Aufgabe deutlich.

- Die verwendeten Zahlen sind aus dem Zahlenraum bis 1 000.
- Es muss eine Grundvorstellung zum Subtrahieren als Ergänzen (nicht als Wegnehmen) aktiviert werden. Diese ermöglicht das Nutzen des Zusammenhangs 140 + □ = 360 ⇔ □ = 360 – 140.

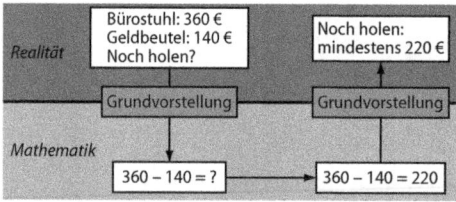

Abb. 2.6: Aufgabe „Bürostuhl" im Grundvorstellungsdiagramm

Das Grundvorstellungsdiagramm kann nicht nur zur Analyse von (idealtypischen) Lösungswegen von Aufgaben herangezogen werden, sondern auch zur Beschreibung von individuellen Lösungsprozessen. Die Bearbeitung von Frau Westphal weicht vom idealen Prozess darin ab, dass ein falsches Modell zur Situation gebildet wurde: Statt der erwarteten Subtraktion wählt sie die Division zur Lösung der Aufgabe.

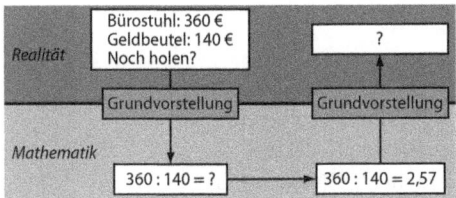

Abb. 2.7: Bearbeitung der Aufgabe „Bürostuhl" von Frau Westphal

Hieraus kann geschlossen werden, dass sie keine Grundvorstellung zum Subtrahieren als Ergänzen aktiviert hat. Die Berechnung mit dem Taschenrechner gelingt anschließend. Obwohl das Ergebnis 2,57 evaluiert und nicht als Lösung der Aufgabe akzeptiert wird, kann Frau Westphal keine Ursache für das falsche Ergebnis angeben bzw. den Lösungsprozess durch ein abgeändertes Modell korrigieren. Offen bleibt, ob sie das Ergebnis tatsächlich an einer gegebenen Situation (Stuhleinkauf) überprüft oder es aufgrund anderer Strategien wie *„Bei Aufgaben dieser Art kann das Ergebnis keine Zahl mit Nachkommastellen sein"* verwirft.

In den bisherigen Beispielen wurden Übersetzungsprozesse zwischen einfachen Sachsituationen und der Symbolsprache der Mathematik betrachtet. Die Gegenüberstellung von „Mathematik" und „Realität" kann jedoch auch kritisch diskutiert werden. So ist häufig die Trennlinie zwischen Mathematik und Realität nicht klar zu ziehen: Ist beispielsweise ein Hunderter-Rechenrahmen der Mathematik oder der Realität zuzuordnen? In der „Realität" kommt dieser nur in mathematikhaltigen Situationen zum Einsatz. Obwohl er kein mathematisches Symbol ist, ist dieses reale Objekt sehr mathematisch aufgebaut.

Ein allgemeineres (und nach Ansicht der Autoren) tragfähigeres Modell stellt die Ersetzung der Bereiche „Realität" und „Mathematik" durch zwei verschiedene Ebenen der Darstellung dar (vgl. Abb. 2.8).

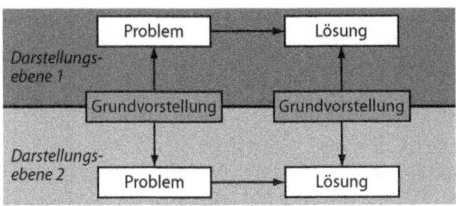

Abb. 2.8: Allgemeines Grundvorstellungsdiagramm

Mögliche Arten der Darstellung sind:
- Bilder (OOOOO ØØ)
- Handlungen (von OOOOO OO werden OO weggeschoben)
- Reale Situationen (Jochen hat 7 Gummibärchen und isst 2)
- Mathematische Symbole geschrieben (7 – 2)
- Mathematische Symbole gesprochen („Sieben minus zwei")

Tragfähige Grundvorstellungen ermöglichen nun eine flexible Übersetzung zwischen diesen Darstellungen. *Mathematische* Grundvorstellungen beschreiben vor allem die Übersetzungsprozesse zwischen mathematisch-symbolischen (gesprochen oder geschriebenen) und nicht-symbolischen (also Bildern, Handlungen und realen Situationen) Darstellungen. Zwischen Bildern, Handlungen und Realsituationen können ebenfalls Vorstellungen aufgebaut sein, jedoch müssen diese nicht mathematischer Art sein. Ein Beispiel soll das verdeutlichen:

Einem Schüler gelingt die Übersetzung der Realsituation „*Ein Fernseher kostet 790 €, Herr Maier machte eine Anzahlung von 250 €, wie viel muss er noch bezahlen?*" in den entsprechenden Rechenausdruck „790 – 250" bzw. „250 + __ = 790" nicht. Bei genauerer Betrachtung wurde dann festgestellt, dass der Schüler kein Verständnis zur Vokabel „Anzahlung" hat. Als dieser Fachausdruck erklärt wurde, konnte der Schüler die Situation sowohl in eine passende Handlung, eine Skizze als auch in einen mathematischen Term übersetzen. Die mathematische Grundvorstellung zum Subtrahieren als Wegnehmen bzw. Ergänzen konnte er also aktivieren. Das fehlende „Verständnis" eines *Wortes* der Aufgabenstellung hat somit eine Lösung verhindert – nicht das fehlende *mathematische* Verständnis.

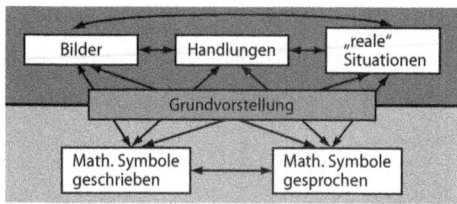

Abb. 2.9: Mögliche Darstellungsebenen

Die eingangs diskutierten Beispiele können hier als Spezialfall des allgemeinen Grundvorstellungsdiagramms (Darstellung 1 = reale Situation; Darstellung 2 = geschriebene mathematische Symbole) betrachtet werden.

2.2 Grundvorstellungen zu Rechenoperationen

Im vorherigen Abschnitt wurde aufgezeigt, wie Grundvorstellungen in einem Grundvorstellungsdiagramm verortet werden können. Bei den gewählten Aufgaben wurde die Übersetzung von Operationen in Terme durch die Aktivierung von Grundvorstellungen untersucht. Werden nun mögliche Übersetzungen zwischen Darstellungsebenen genauer betrachtet, so wird deutlich, dass beispielsweise ein Term eine Vielzahl an möglichen Übersetzungen erlaubt: Einerseits kann der Term in verschiedene Darstellungen (Bilder, Handlungen, realitätsnahe Kontexte, …) übertragen werden, andererseits können verschiedene Grundvorstellungen aktiviert werden, die verschiedene Strukturen der Bilder, Handlungen oder Textaufgaben erzeugen. Tabelle 2.1 gibt einen Überblick, welche wichtigen Grundvorstellungen zu den Rechenoperationen Addition und Subtraktion unterschieden werden können (vgl. GRIESEL 1971).

Tab. 2.1: Grundvorstellungen zu Operationen: Addition und Subtraktion

Darstellung 1	Grundvorstellung	Darstellung 2
Andrea hat 6 Plättchen und bekommt 8 dazu. Wie viele hat sie jetzt?	+ als Hinzufügen	6 + 8
Sonja hat 6 Plättchen, Pascal hat 8. Wie viele haben sie zusammen?	+ als Zusammenfassen	6 + 8
Michael bekommt 6 Plättchen von Axel und 8 von Claus. Wie viele hat er insgesamt bekommen?	+ Zusammenfassung zweier Änderungen	6 + 8
○○○○○○●●●⌀⌀ ⌀⌀	– als Wegnehmen	12 – 4
Alex hat 7 Plättchen, Tom hat 9. Wie viele muss Alex noch bekommen, damit er so viele wie Tom hat?	– als Ergänzen	9 – 7
○○○○○●●●● ○○○○○ ?	– als Vergleichen	9 – 5
Zusammen haben Helena und Melanie 14 Plättchen. Melanie hat 6. Wie viele hat Helena?	– als Umkehrung von +	14 – 6

Die Grundvorstellungen können insgesamt in statische (Zusammenfassen, Vergleichen) und in dynamische (Hinzufügen, Wegnehmen, Ergänzen) Vorstellungen eingeteilt werden. Studien belegen, dass nicht nur bei Schulanfängern Situationen mit dynamischem Charakter häufiger richtig bearbeitet werden als Situationen mit statischem Charakter.

Tab. 2.2: Lösungshäufigkeiten von Aufgaben mit verschiedenen Grundvorstellungen zur Subtraktion

	Grundvorstellung	Richtige Lösungen
Maria hat 5 Murmeln, Hans hat 8 Murmeln. Wie viele muss Maria noch bekommen, damit sie so viele wie Hans hat?	Ergänzen (dynamisch)	91 % 1. Klasse*
Maria hat 5 Murmeln, Hans hat 3 Murmeln. Wie viele hat Maria mehr als Hans?	Vergleichen (statisch)	28 % 1. Klasse*
Jonas hat 7 Kirschen. Er schenkt davon 3 seiner Schwester. Wie viele hat er noch?	Wegnehmen (dynamisch)	87 % 2. Klasse**
Theo hat 9 Äpfel. Lene hat 4. Wie viele Äpfel muss Lene noch bekommen, damit sie so viele wie Theo hat?	Ergänzen (dynamisch)	83 % 2. Klasse**
Monika hat 9 Erdbeeren, Hans hat 3 Erdbeeren. Wie viele Erdbeeren hat Monika mehr als Hans?	Vergleichen (statisch)	63 % 2. Klasse**

(*STERN 1998 nach SCHIPPER 2009; ** FROMME/WARTHA/BENZ 2011)

Für die Unterrichtspraxis haben diese Ergebnisse zwei Konsequenzen:
- Die Lösung einer Textaufgabe hängt nicht nur von der Größe der Zahlen bzw. der Komplexität der Rechnung ab, sondern auch von der Grundvorstellung, die zur Übersetzung der Realsituation in den Term aktiviert werden muss.
- Es sollen Textaufgaben zu verschiedenen Grundvorstellungen ausgewählt werden. In Bezug auf die Subtraktion bedeutet das insbesondere, dass nicht nur dynamische Wegnehm- oder Ergänzungssituationen, sondern auch statische Vergleichssituationen besprochen werden sollen. Kurz: Subtrahieren ist mehr als Wegnehmen.

STOPP – Aktivität!

Welche Grundvorstellung zur Subtraktion wird bei der Übersetzung der Schulbuchaufgaben in einen Term benötigt? Liegt eine statische oder dynamische Situation vor?

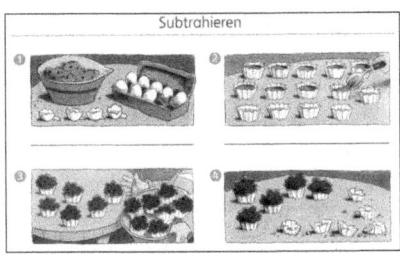

Abb. 2.10: Aus: Eidt, H./Lack, C./Lammel, R./Voß, E./Wichmann, M. (2004). Denken und Rechnen 1. © Westermann, Braunschweig. ISBN: 978-3-14-121221-1, S. 107.

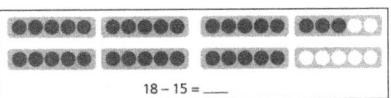

Abb. 2.11: Aus: Rinkens, H.-D./Hönisch, K./Träger, G. (2009). Welt der Zahl 1. © Schroedel, Braunschweig. ISBN: 978-3-507-04401-2, S. 131.

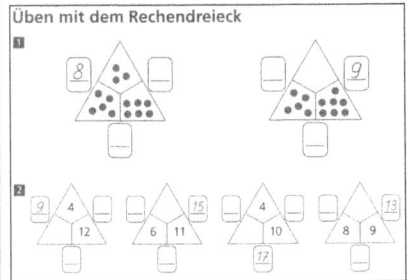

Abb. 2.12: In: Das Zahlenbuch 1 SB, S. 106 von Erich Ch. Wittmann/Gerhard N. Müller © Ernst Klett Verlag GmbH, Stuttgart 2012

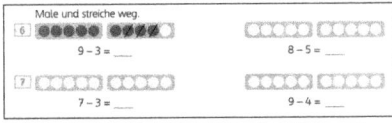

Abb. 2.13: Aus: Rinkens, H.-D./Hönisch, K./Träger, G. (2009). Welt der Zahl 1. © Schroedel, Braunschweig. ISBN: 978-3-507-04401-2, S. 61.

Abb. 2.14: Illustration „Minusaufgaben durch Ergänzen lösen" von Anne Wöstheinrich, Münster, in: Das Zahlenbuch 1 SB, S. 93 von Erich Ch. Wittmann/Gerhard N. Müller © Ernst Klett Verlag GmbH, Stuttgart 2012

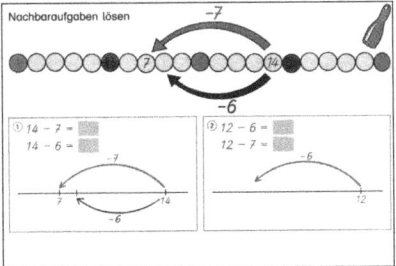

Abb. 2.15: Aus: Keller, K. H./Pfaff, P. (Hrsg.) (2004). Das Mathebuch 1. © Mildenberger Verlag, Offenburg. ISBN: 978-3-619-15240-7, S. 96.

2.3 Grundvorstellungen zu Zahlen

Kinder in der Primarstufe sollen natürliche Zahlen „verstehen", insbesondere soll für das Stellenwertsystem ein „Verständnis" erworben werden (KMK 2005). Was genau unter „verstehen" verstanden werden kann, bleibt meist offen. Sicher ist, dass Kinder *Grundvorstellungen* zu Zahlen und zu deren Schreibweise im Stellenwertsystem aufbauen sollen. Wie bei den Operationen ermöglichen Grundvorstellungen die Übersetzung zwischen verschiedenen Darstellungen. Sie werden benötigt, um beispielsweise zwischen einer Menge und dem entsprechenden Zahlwort übersetzen zu können (Zahlauffassung) bzw. zu einem Zahlwort eine passende Menge herzustellen (Zahldarstellung).

Frau Westphal (vgl. Kapitel 1) zweifelt ihr korrekt bestimmtes Ergebnis bei der Aufgabe Fahrkarte an (50 – 24 = 26). Ein möglicher Grund ist, dass sie die Zahlen 50, 24 und 26 weder auf symbolischer Ebene noch durch den Abruf einer bildlichen Darstellung der Mengen 50, 24 und 26 für eine Plausibilitätsprüfung nutzen kann. Hieraus kann gefolgert werden, dass sie keine tragfähige Grundvorstellung zur Zahl als Anzahl einer Menge (Kardinalzahl) in diesem Zahlenraum aktivieren kann. In Tabelle 2.3 sind Beispiele für Übersetzungen und die beiden zentralen Grundvorstellungen angegeben.

Tab. 2.3: Grundvorstellungen zu natürlichen Zahlen

Darstellung 1	Grundvorstellung	Darstellung 2
(7 Zehnerstangen und 6 Einer)	Kardinalzahl	Sechsundsiebzig
(7 Zehnerstangen und 6 Einer)	Kardinalzahl	76
(Zahlenstrahl 70–80, Pfeil bei 76)	Ordinalzahl	76

Die beiden zentralen Grundvorstellungen zu natürlichen Zahlen sind die, dass Zahlen als Mengenangabe (Kardinalzahl) und als Position (Ordinalzahl) verstanden werden können. Wichtig ist hierbei, dass beide Grundvorstellungen einerseits eng zusammenhängen, andererseits aber auch klar voneinander unterschieden werden können. Diese Zusammenhänge können sowohl hilfreich als auch problematisch sein. Ein interessantes Dokument hierzu ist bei SPIEGEL (1989) zu finden.

Zusammenhänge können bereits beim Zählen festgestellt werden: Wenn alle Zählprinzipien verstanden wurden, dann werden Objekte durch das (ordinale) Zuordnen der Zahlwortreihe gezählt. Das letztgenannte Zahlwort gibt nun (kardinal) die Anzahl der gesamten Menge an, es steht nicht nur für das letzte Objekt (vgl. GELMAN/GALLISTEL 1978; FUSON u. a. 1982; gute Zusammenfassung in PADBERG/BENZ 2011, 8–13).

Wenn auf einem Päckchen Bonbons die Aufschrift 20 zu lesen ist, dann steht das (kardial) für die Anzahl der Bonbons in der Tüte. Das Schild 20 neben einer Haustüre besagt aber nicht, dass hier 20 Häuser zu finden sind, es gibt vielmehr die Position an. Bei der Formulierung von Arbeitsaufträgen kann sowohl eine kardinale als auch eine ordinalen Grundvorstellung angesprochen werden. Während eine Umformulierung der kardinalen in die ordinale Anweisung (oder umgekehrt) von leistungsstarken Kindern als synonym verstanden wird, kann sie von leistungsschwächeren Kindern die Bearbeitung erschweren oder erst ermöglichen – je nachdem, welche Grundvorstellung sie in diesem Kontext aktivieren können (vgl. Tab. 2.4).

Tab. 2.4: Aufgabenstellungen mit Fokus auf kardinalem und ordinalem Aspekt

Fokus: Ordinaler Aspekt	Fokus: Kardinaler Aspekt	Antwort
Zähle ab 48. Du bist bei 48 am Zahlenstrahl und gehst immer eins weiter.	48 und immer eins dazu. Du hast 48 am Rechenrahmen eingestellt, immer eine Perle dazu.	49, 50, 51, …
Zähle rückwärts ab 32. Gehe am Zahlenstrahl von der 32 immer eins zurück/nach links.	32 und immer eins weg. Nimm von der 32 am Rechenrahmen immer eine Perle weg.	31, 30, 29, …
Zähle in Zehnerschritten ab 27. Auf dem Rechenstrich von der 27 immer 10 weiter.	Zur 27 immer 10 dazu. Stell dir 27 an Mehrsystemblöcken (MSB) vor. Jetzt immer 10 dazu.	37, 47, 57, …
Zähle rückwärts in Zehnerschritten ab 74. Auf dem Zahlenstrahl von der 74 immer 10 zurück (nach links).	Nimm von der 74 immer 10 weg. Stell dir 74 an MSB vor. Immer 10 wegnehmen.	64, 54, …

Fokus: Ordinaler Aspekt	Fokus: Kardinaler Aspekt	Antwort
Vorgänger der 58. Welche Zahl steht am Zahlenstrahl vor der 58?	58 und eins weg. 58 am Rechenrahmen, eine Perle wegschieben. Wie heißt die Zahl?	57
Nachfolger der 37	37 und eins dazu.	38
Was kommt später? Welche Zahl ist am Zahlenstrahl weiter rechts? 38 oder 83?	Was ist mehr: 38 oder 83 Plättchen?	38 < 83
Um 7 Felder von der 5 weiter.	7 Plättchen zu 5 dazulegen.	7 + 5
Abstand zwischen 41 und 39. Von der 41 um 39 zurück.	Unterschied zwischen 41 und 39. 39 von der 41 wegnehmen.	41 – 39

2.4 Grundvorstellungen zu Strategien

Beim Rechnen wird deutlich, dass Grundvorstellungen in Beziehungen zueinander stehen, also vernetzt sind. Wenn beispielsweise – wie bei Frau Westphal – die Lösung der Aufgabe 6 + 8 auf rein symbolischer Ebene nicht möglich ist, wenn das Ergebnis also nicht auswendig abgerufen werden kann, so ist für eine Bearbeitung auf bildlicher oder handelnder Ebene der Einsatz mehrerer Grundvorstellungen nötig:

- Eine Grundvorstellung zur Addition (z. B. Hinzufügen) muss aktiviert werden, damit die Vokabel „plus" in eine Handlung übersetzt werden kann.
- Aktivierung von Grundvorstellungen zu den verwendeten Zahlen (z. B. Zahl als Anzahl), die die Übersetzung der Wörter sechs und acht auf die bildliche oder handelnde Ebene ermöglichen.

Die Aktivierung dieser Vorstellungen ist eine notwendige, aber noch keine hinreichende Voraussetzung für die Ermittlung der Lösung. Hierfür sind zusätzlich Strategien nötig, wie nun mit den Mengen in der Hinzufüge-Situation umgegangen wird. Alles- oder Weiterzählen sind erste Strategien. Es gibt jedoch auch andere, nichtzählende Verfahren, wie mit den Zahlen bzw. Mengen gerechnet werden kann (vgl. Tab. 2.5). Strategien können sowohl auf symbolischer Ebene als auch handelnd oder mit Bildern durchgeführt werden. Den Zusammenhang bzw. die Übersetzung zwischen diesen Darstellungsebenen ermöglichen Grundvorstellungen zu Strategien.

Tab. 2.5: Grundvorstellungen zu Strategien am Beispiel 8 + 6

Darstellung 1	Grundvorstellung	Darstellung 2
○○○○○● 9 10 11 12 13 14	Weiterzählen	8 – 9 – 10 – 11 – 12 – 13 – 14 ↓ ↓ ↓ ↓ ↓ ↓ 1 – 2 – 3 – 4 – 5 – 6
○○○○○●●● ○○○○○●●● ●● ○○○○○●●●●● ○○○○	Schrittweise über 10	8 8 + 2 = 10 10 + 4 = 14
○○○○○●●● ○○○○○●●● ○○○○○●●● ○○○○○●●● ○○○○○●⊘⊘	Verdoppeln nutzen	8 Doppel 8 = 16 16 – 2 = 14
○○○○○●●● ○○○○○ ○○○○○●●● ○○○○○●●	„Kraft der Fünf" nutzen	8 + 6 5 + 3 + 5 + 1 10 + 4 = 14

Häufig werden Strategien wie Rezepte abgearbeitet, ohne dass hierzu Grundvorstellungen aufgebaut sind (vgl. SELTER/SPIEGEL 2008). Typische Rezept-Strategien sind beispielsweise Techniken beim schriftlichen Subtrahieren mit Ergänzen (vgl. Frau Westphal), das Vorgehen bei der schriftlichen Multiplikation oder der „Trick", dass bei der Division mit einem Bruch der Kehrbruch multipliziert wird.

Zahlreiche empirische Studien belegen, dass technisches Anwenden von (unverstandenen) Rezepten sehr fehleranfällig ist (BENZ 2007; SELTER 2000; WARTHA 2007). Außerdem sind das keine Kompetenzen, die Menschen erwerben müssen, da sie von Computern oder Taschenrechnern ebenfalls durchgeführt werden können. Konsens besteht darin, dass die Strategien verstanden werden sollen, dass also Grundvorstellungen zu ihnen aufgebaut werden. Im Grundvorstellungskonzept bedeutet das, dass eine Strategie nicht nur auf symbolischer Darstellung, sondern auch über Handlungen oder durch Bilder beschrieben werden kann.

STOPP – Aktivität!

Wie berechnen Sie die Hälfte von 98? Rechnen Sie erst im Kopf, notieren Sie anschließend die Rechenschritte.
Können Sie ihre symbolische Notation durch passende Bilder veranschaulichen? Welche bildliche Darstellung ihrer Zahl wählen Sie? Stimmt das Bild mit Ihrer Strategie überein?

Berechnen Sie die Aufgabe 78 + 99 im Kopf. Notieren Sie ihre Rechenschritte möglichst genau. Wie sähe eine entsprechende Materialhandlung aus, wenn Sie Ihre Symbole übersetzen?

Die Konsequenz für den Unterricht ist, dass Strategien weder rein symbolisch noch rein handelnd diskutiert werden sollten. Grundvorstellungen zu Strategien werden aufgebaut bzw. aktiviert, in- dem die symbolische Sprech- bzw. Schreibweise direkt in Verbindung zur entsprechenden Materialhandlung oder einem Modell gestellt werden. Hier sind drei Schulbuchseiten – bei einer werden Grundvorstellungen berücksichtigt, bei den beiden anderen nicht.

Auch Schulbuchseiten müssen in diesem Bezug kritisch beurteilt werden. Hier sind einige Beispiele zu Aufgabenstellungen, bei denen teilweise Grundvorstellungen zu den Strategien aktiviert werden können.

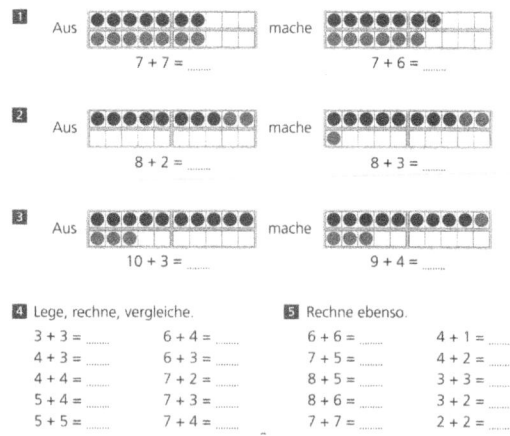

Abb. 2.16: „Von einfachen zu schweren Aufgaben", in: Das Zahlenbuch 1 SB, S. 55 von Erich Ch. Wittmann/Gerhard N. Müller
© Ernst Klett Verlag GmbH, Stuttgart 2012

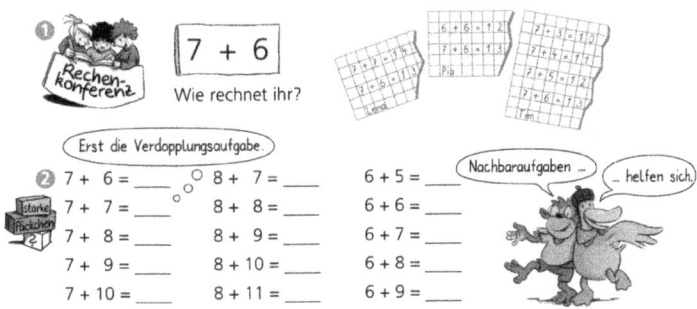

Abb. 2.17: Aus: Eidt, H./Lack, C./Lammel, R./Voß, E./Wichmann, M. (2004). Denken und Rechnen 1. © Westermann, Braunschweig, S. 94

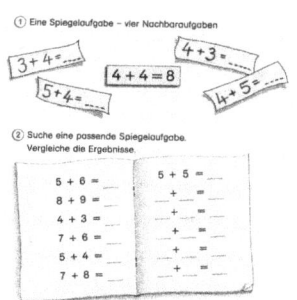

Abb. 2.18: Tausch- und Nachbaraufgaben. Aus: Die Matheprofis 1, Ausgabe D. © 2004 Oldenbourg Schulbuchverlag GmbH, München, S. 84.

2.5 Grundvorstellungsumweg als Verständnisindikator

Häufig können Aufgaben, die auf symbolischer Ebene (7 – 3) gestellt werden, ohne Übersetzungsprozesse innerhalb dieser Darstellung gelöst werden (Abruf auswendig verfügbaren Wissens). Ein *Verständnis* des mathematischen Inhalts wird dann unterstellt, wenn eine Lösung auch über die Aktivierung von Grundvorstellungen in einer anderen Darstellung möglich ist. Im Falle der Aufgabe 7 – 3 bedeutet dies folgende Schritte:
(1) Grundvorstellungen zur Subtraktion (z. B. Wegnehmen) und zu den Zahlen (z. B. als Anzahl einer Menge) werden aktiviert,
(2) anschließend werden auf bildlicher oder handelnder Ebene von 7 Objekten 3 weggenommen und
(3) über eine Grundvorstellung zur Kardinalzahl die entstandene Menge als „4" auf die symbolische Ebene zurückübersetzt.

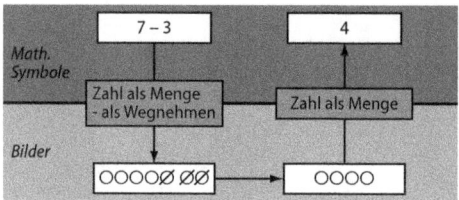

Abb. 2.19: Grundvorstellungsumweg zu 7 – 3

Wenn also beide Wege zur Lösung der Aufgabe 7 – 3 möglich sind, kann unterstellt werden, dass die Aufgabe nicht nur gewusst, sondern auch Grundvorstellungen aktiviert werden. Bei dieser Bearbeitung wird ein *Grundvorstellungsumweg* eingefordert (vgl. WARTHA 2011). Wie bei Umwegen üblich, erscheint das als unnötiger Mehraufwand. Jedoch gibt genau dieser Umweg über eine andere Darstellung darüber Auskunft, ob Grundvorstellungen aktiviert werden oder nicht.

Grundvorstellungsumwege werden in der Unterrichtspraxis durch das Einfordern eines Darstellungswechsels untersucht. Im Beispiel oben hieße der Arbeitsauftrag: „Zeig mir die Rechnung am Material." Grundvorstellungen müssen auch aktiviert werden, wenn zu Bildern oder Situationen die jeweiligen symbolischen Rechenausdrücke gefunden werden sollen. Wie in Abb. 2.3 bereits beschrieben, können fast alle Kinder die Situation *„Maria hat 5 Murmeln, Hans hat 8 Murmeln. Wie viele muss Maria noch bekommen, damit sie so viele wie Hans hat?"* innerhalb der Situation bearbeiten. Ein Grundvorstellungsumweg („Kannst du mir die Rechnung dazu aufschreiben?") könnte häufig nicht beschritten werden (vgl. Abb. 2.4).

Der *Grundvorstellungsumweg* erscheint bei der Aufgabe 7 – 3 vergleichsweise trivial. Bitte untersuchen Sie in der nachfolgenden Aktivität, ob Sie zu den Termen Grundvorstellungsumwege gehen können. Ob Sie also die Rechenausdrücke in Bilder, Handlungen oder Geschichten übersetzen können.

STOPP – Aktivität!

Bearbeiten Sie folgende Aufgaben:

a) $12 : 3$ b) $\frac{1}{4} : \frac{3}{4}$ c) $\frac{1}{4} + \frac{2}{3}$ d) $726 - 469$

Übersetzen Sie nun Ihren Rechenweg in eine geeignete Veranschaulichung und erklären Sie die Strategie durch konkrete Handlungen.

Wenn Ihnen das gelingt, so haben Sie die Rechenoperationen im jeweiligen Zahlbereich verstanden, da Sie Grundvorstellungen aktivieren. Sollten Sie Schwierigkeiten mit der Übersetzung haben, so können Sie zwar Verfahren durchführen, es ist aber anzunehmen, dass Sie diese nicht verstanden haben.

Wenn im Folgenden von auswendig gewussten Aufgaben gesprochen wird, dann wird hier immer unterstellt, dass die Aufgabe zwar rein symbolisch auswendig abgerufen werden kann, dies aber nur eine Abkürzung eines Grundvorstellungsumwegs darstellt. Auswendigwissen auf Verständnisgrundlage bedeutet in diesem Zusammenhang, dass es möglich ist, eine auswendig gewusste Aufgabe auch über einen Grundvorstellungsumweg, d. h. auf einer anderen Darstellungsebene bearbeiten zu können.

In diesem Kapitel wurde der Begriff Grundvorstellungen erklärt und aufgezeigt, welche Aspekte Grundvorstellungen (Beschreibung mathematischer Inhalte und Beschreibung von Denkwegen von Kindern) haben. Eine effektive Planung von Diagnose- und Fördersituationen kann durch die Orientierung an Grundvorstellungen geschehen.

Mögliche **Leitfragen** sind hierbei:
(1) Durch welche Grundvorstellungen kann der Lerninhalt beschrieben werden?
(2) Welche Übersetzungen ermöglicht eine Grundvorstellung?
(3) Können Grundvorstellungen beim Übersetzen (in beiden Richtungen?) aktiviert werden?
(4) Können Grundvorstellungsumwege beim Arbeiten auf symbolischer Ebene eingefordert werden?

> STOPP – Aktivität!
>
> Nehmen Sie nochmals Bezug zu den Interviews mit Frau Westphal. Welche Grundvorstellungen zu Zahlen, Operationen und Strategien stellen Sie fest, welche kann sie nicht aktivieren?

Zentrales Ziel von Förderung ist der Aufbau von Grundvorstellungen. Wie dieser Aufbau durch unterrichtliche Maßnahmen unterstützt werden kann, wird in Kapitel 4 genauer beschrieben. Vorher wird am Beispiel des verfestigten zählenden Rechnens und an der Entwicklung des Stellenwertverständnisses geklärt, inwiefern das Fehlen von Grundvorstellungen zu Hürden im Lernprozess führen kann.

Hürden im Lernprozess

3.1 Verfestigtes zählendes Rechnen

Zählstrategien

Für Schulanfänger ist das zählende Rechnen eine gute und meist die einzige Möglichkeit, Rechenaufgaben und einfache mathematische Sachsituationen bearbeiten zu können. Ist die Bedeutung des Plus-Zeichens bekannt, kann z. B. die Aufgabe 6 + 8 über verschiedene Zählstrategien gelöst werden (SCHIPPER 2009; MOSER OPITZ 2002). Werden sechs Objekte abgezählt, weitere acht Objekte zählend dazu- gelegt und wird abschließend die Anzahl der Gesamtmenge erneut zählend bestimmt, hat das Kind die Strategie des *Alleszählens* genutzt. Das *Weiterzählen* kann sich aus dieser Handlung entwickeln, wenn das Kind mithilfe von acht Objekten von der Zahl (bzw. der Menge) 6 weiterzählt. Die acht Objekte braucht es dabei, um den Zählprozess zu kontrollieren, um nicht zu weit zu zählen. Eine noch effizientere Methode – das *Weiterzählen ab dem größeren Summanden* – wendet das Kind an, wenn es nicht bei der sechs, sondern bei der acht zu zählen beginnt. Dabei werden die sechs Objekte als Zählhilfe genutzt und der Zählprozess wird abgekürzt. Aus diesen materialgestützten Weiterzählstrategien können sich dann solche entwickeln, bei denen der erste Summand (bzw. der, ab dem weitergezählt werden soll) nicht mehr repräsentiert werden muss, sondern nur noch der zweite. Am Beispiel von Frau Westphal in Kapitel 1 wurde deutlich, dass sie beim Lösen der Aufgabe 6 + 8 genau diese Strategie nutzt. Diese Strategien sind zu Schulbeginn bis zur Mitte des ersten Schuljahres noch erwartungskonform, sie sollten jedoch im Laufe des ersten Schuljahres zugunsten anderer Strategien abgelöst werden (SCHIPPER 2008; LORENZ 2003; MOSER OPITZ 2002; GASTEIGER 2010).

Grundsätzlich gefragt:
Warum sollten überhaupt andere Strategien als das Zählen erarbeitet werden? Die Aufgabe 6 + 8 wird von Frau Westphal richtig gelöst. Auch Erwachsene nutzen in einigen Situationen zählende Lösungsstrategien – selbst wenn sie offensichtlich keine Probleme beim Rechnen haben: z. B. beim Zählen von Stunden über die Tagesgrenze, beim Ermitteln von Urlaubstagen über die Monatsgrenze, beim Bestimmen der Anzahl von Monaten oder in künstlichen Situationen, wenn sie gebeten werden, einfache Aufgaben in anderen Zahlsystemen (z. B. mit Buchstaben: f + h) zu lösen.

Im Folgenden wird ausgeführt, warum Zählstrategien zugunsten operativer Strategien überwunden werden sollten. Das zählende Rechnen stellt sowohl an „Erstrechner" wie auch an Erwachsene einige Anforderungen (vgl. z. B. GELLERT 2000; SCHIPPER 2005).

> STOPP – Aktivität!
>
> Um die Anforderungen nachvollziehen zu können, die sich einem Kind (oder einem Erwachsenen) beim *zählenden Rechnen* stellen, versuchen Sie bitte Folgendes:
>
> 1) Stellen Sie sich vor, Zahlen und Mengen würden nicht mehr durch unsere Zahlzeichen 1, 2, 3, ... repräsentiert, sondern durch Buchstaben. Drei Beispiele:
>
>   o° → b   °o°o° → e   °o°o°o° → g
>
>   Ein Stellenwertsystem gibt es dabei zur Vereinfachung nicht, also u = 21, v = 22.
>
> 2) Wählen Sie ein Material, dass Sie im Arithmetikunterricht im ersten Jahrgang bevorzugt nutzen und ...
>
> 3) ... lösen Sie mit diesem Material die Aufgabe f + h, *ohne* in das bekannte Zahlsystem zu übersetzen.
>
> Wie sind Sie vorgegangen und wie haben Sie das Ergebnis ermittelt?
> Welche „Rechenschritte" mussten Sie abzählen, welche nicht?
> Hat Ihnen ggf. die Struktur des Materials geholfen?
> Versuchen Sie zu beschreiben, warum Sie diese Aufgabe nicht über das schrittweise Rechnen lösen konnten.

Das zählende Rechnen ist ein wichtiger Lernschritt bzw. eine zielführende Strategie, mit der Additions- und Subtraktionsaufgaben grundsätzlich gelöst werden können, und dennoch (oder gerade deswegen) kann diese Strategie weitere Entwicklungen behindern. Wie kann es dazu kommen, dass das verfestigte Zählen diese weiteren Entwicklungen negativ beeinträchtigt? Dazu soll zunächst geklärt werden, wann, wie und warum das zählende Rechnen zum Problem wird.

Wann und wie wird das Zählen zum Problem?

Im Kapitel 2.4 *Grundvorstellungen zu Strategien* wurde gezeigt, dass für die Lösung der Aufgabe 6 + 8 viele verschiedene Strategien mit jeweils unterschiedlichen Grundvorstellungen denkbar sind. Beispiele sind das *zählende Rechnen*, das *schrittweise Rechnen* und das *Nutzen von Hilfsaufgaben*. Wird das Zählen vom Kind jedoch als einzige Strategie genutzt, kann die Entwicklung der anderen Strategien behindert werden und Grundvorstellungen zu diesen Strategien können nicht oder nur erschwert aufgebaut werden (GAIDOSCHIK 2010). Das hängt zunächst damit zusammen, dass das Zählen zu Beginn des Rechnenlernens eine – vor allem subjektiv wahrgenommen – sinnvolle und erfolgreiche Strategie ist, die bereits sicher und zuverlässig ausgeführt wird (vgl. das Zählen von Urlaubstagen oder die Aktivität auf S. 43).

Warum zählen Kinder?

Wie sähe hingegen ein Vorgehen aus, wenn für die Lösung der Aufgabe 6 + 8 oder f + h z. B. die Strategie des schrittweisen Rechnens über den Zehner genutzt würde? Welche Grundvorstellungen sollen dafür aktiviert werden? Zunächst müsste ein Sinn im schrittweisen Rechnen über den Zehner erkannt und verstanden werden: Wieso sollte bei der Aufgabe f + h zunächst bis „j" (der Entsprechung zur 10) gerechnet werden? Kindern, die die Aufgabe 6 + 8 zählend lösen, erschließt es sich daher nicht notwendigerweise von selbst, in Schritten über den vollen Zehner zu rechnen. Die Grundvorstellung zur Strategie „schrittweise über den Zehner" kann nicht aktiviert werden, da die Strategie noch nicht bekannt oder einsichtig ist.

Häufig wird die Strategie noch immer nicht angewandt, auch wenn diese Konvention und die Vorteile bekannt sind, die das Rechnen über „j" mit sich bringen. Das kann mehrere Gründe haben, die am Beispiel der Bearbeitung der Aufgabe f + h (vgl. vorherige Seite) aufgezeigt werden:

1) Wenn das Alphabet (also die Zahlwortreihe) nicht geläufig ist, kann noch nicht abgeschätzt werden, ob überhaupt über „j" gerechnet werden muss, oder ob es im Alphabet erst später auftaucht. Eine Grundvorstellung zur Größe von Zahlen (in diesem Fall f, h, und j) müsste dafür aktiviert werden.
2) Wenn erkannt wird, dass das „j" überschritten wird, kann das nichtzählende Auffüllen jedoch schwerfallen. Insbesondere, wenn nicht auswendig gewusst wird, wie weit das „j" vom „f" entfernt ist (j − f = d bzw. f + d = j).
3) Sollte selbst dies gelingen, ist der letzte Schritt nur dann nichtzählend möglich, wenn die entsprechende Zerlegung des „h" gewusst wird (h = d + d). Für beide Rechenschritte müssen erneut Grundvorstellun-

gen zu den Zahlen f, h und j aktiviert werden, um das „h" angemessen zerlegen zu können.
4) Beim Rechnen mit Buchstaben kann nun noch die Lösung der Aufgabe j + d problematisch sein. Doch selbst für die analoge Aufgabe 10 + 4 im dezimalen Stellenwertsystem müssen Kenntnisse zum Aufbau des Stellenwertsystems (vgl. Kap. 3, S. 48) aktiviert werden.

An diesem Beispiel (f + h bzw. 6 + 8) sollte gezeigt werden, dass für das schrittweise Rechnen sehr viel mehr Voraussetzungen notwendig sind, als für das Weiterzählen:

- Einsicht in die Konvention und die Vorteile der Strategie
- Verständnis für die besondere Rolle der 10 im dezimalen Stellenwertsystem
- Einsicht in Zahlbeziehungen zwischen 6, 8 und 10
- Zahlzerlegungen der 10 und der 8
- Einsicht in das Stellenwertsystem für den Rechenschritt 10 + 4

Ähnlich zahlreiche Voraussetzungen sind für die anderen in Kapitel 2.4 genannten Strategien notwendig (Verdoppeln nutzen, Hilfsaufgabe nutzen).

> STOPP – Aktivität!
>
> Überlegen Sie wieder am Beispiel der Aufgabe f + h, welche Voraussetzungen für die Strategien
> a) Verdoppeln nutzen,
> b) Hilfsaufgaben nutzen
> notwendig sind und welche Grundvorstellungen hierzu aktiviert werden.
> Müssen Sie bei der Aufgabe d + g zum Verdoppeln oder zum Nutzen der Hilfsaufgabe die *gleichen* Grundvorstellungen aktivieren? Was ist anders, was bleibt gleich?

Verlässt sich ein Kind auf das Weiterzählen und werden mit ihm die notwendigen Voraussetzungen für andere Verfahren nicht zielgerichtet erarbeitet, ist es möglich, dass es bei dieser Vorgehensweise bleiben wird. Hinzu kann kommen, dass einige Kinder – gerade weil sie im Weiterzählen eine erfolgreiche Strategie gefunden haben – die genannten Voraussetzungen als überflüssig erachten. Diese Haltung ist kein Zeichen von Faulheit oder Unwillen, sondern ein Festhalten am Bewährten. Das Festhalten am Bewährten, also an der Strategie des Zählens, kann dazu führen, dass Kinder Rechnen mit Zählen *gleichsetzen*. Vielleicht haben diese Kinder im Unterricht schon einmal gehört oder gesehen, dass es andere Strategien gibt (z. B. das schrittweise Rechnen oder das Nutzen von Hilfsaufgaben), und dass andere Kinder diese vielleicht auch nutzen. Im eigenen Rechenprozess jedoch konnten sie diese Strategien noch nicht erfolgreich einsetzen.

Das verfestigte zählende Rechnen kann daher nicht nur eine *Folge* eines Fehlens der oben beschriebenen Voraussetzungen, sondern auch ein *Grund* sein, warum diese nicht entwickelt werden können (KAUFMANN/WESSOLOWKI 2006; LORENZ 2009). Wenn der Zählprozess ausschließlich zur Lösungsfindung genutzt wird, kann die Einsicht in den Zusammenhang zwischen Aufgabe und Ergebnis be- oder verhindert werden. Dadurch kann sich nur schwer ein Repertoire an auswendig gewussten Aufgaben entwickeln. Insbesondere können Zusammenhänge zwischen Aufgaben (Nachbaraufgaben, Tauschaufgaben) nicht erkannt bzw. genutzt werden. Die Beziehung zwischen den Aufgaben i + f und f + h, wird nicht offensichtlich, wenn diese nur mit Fokus auf eine richtige Lösung über das Alles- oder Weiterzählen gelöst werden.

Warum ist verfestigtes zählendes Rechnen problematisch?

Die Frage auf Seite 42, warum eine Ablösung vom Zählen überhaupt angestrebt werden sollte, wenn mit dieser Strategie richtige Ergebnisse erzielt werden, soll im Folgenden beantwortet werden.

Grundvorstellungen zu Strategien können nicht aufgebaut werden
Im vorangehenden Absatz wurde für den Zahlenraum bis 20 beschrieben, warum das Zählen einerseits die Entwicklung von wichtigen Voraussetzungen für tragfähigere Strategien behindert und warum es andererseits durch das Fehlen dieser Voraussetzungen weiter verfestigt wird.

Spätestens im Zahlenraum bis 100 sind die Zählstrategien der Kinder nicht mehr tragfähig, auch wenn diese im Zahlenraum bis 20 noch vergleichsweise schnell und sicher zu richtigen Ergebnissen geführt haben. Wenn nicht auf andere Strategien zurückgegriffen werden kann, werden häufig individuelle „Hilfsregeln" erfunden, wie beispielsweise (richtige oder falsche) ziffernweise Strategien (SCHIPPER 2005; LORENZ 1998). Solche individuellen Hilfsregeln, die in vielen Fällen unverstandene Rechentricks sind, werden als Ersatz für tragfähige Rechenstrategien genutzt. Das Nutzen dieser Rechentricks, zu denen häufig keine Grundvorstellungen aktiviert werden können und die nach (eigenen) Regeln eingesetzt werden, kann zu Übergeneralisierungen und Verwechslungen führen. Eine der häufigsten Übergeneralisierungen kann beim ziffernweisen Rechnen auftreten: Aufgaben vom Typ ZE ± ZE ohne Zehnerübergang können mit dieser Strategie schnell und sicher gelöst werden. Lernende, die Grundvorstellungen zu den Zahlen aktivieren können, erkennen bei der Aufgabe 32 + 47 sofort, dass ein Zehnerübergang nicht notwendig ist und die Zehner- und Einerstelle ziffernweise zum Ergebnis 79 addiert werden können. Doch bei der Aufgabe 36 + 47 bemerken diese Kinder, dass sie mit dem ausschließlichen Addieren der einzelnen Ziffern nicht zur Lösung gelangen: Sie können eine Grundvorstellung zu den Zahlen und zu Strategien aktivieren und wissen, dass hier mindestens ein weiterer Rechenschritt notwendig ist. Eine typische Fehllösung, die sich ohne diese Grundvorstellungen einstellt ist: 36 + 47 = 713. Besonders bei der Einführung der Subtraktion im Zahlenraum bis 100 kommt es beim ziffernweisen Rechnen häufig zur diesen Übergeneralisierungen: 85 − 67 = 22. Hier werden die Absolutbeträge der Differenzen von Zehner- und Einerziffer bestimmt.

Grundvorstellungen zu Zahlen können nicht aufgebaut werden
Nicht nur Rechenstrategien, sondern auch Zusammenhänge und Analogien von *Zahlen* können sich nur schwer entwickeln, wenn jede Aufgabe zählend gelöst wird. Ein Zusammenhang zwischen den Aufgaben f + h = n und i + f = o bzw. 6 + 8 = 14 und 9 + 6 = 15 (Nachbaraufgabe der Tauschaufgabe) kann nur schwer erkannt werden, wenn diese Aufgaben zählend gelöst und ergebnisorientiert betrachtet werden.

Auch die Einsicht in Analogien (meist im Zusammenhang mit dem Stellenwertsystem) kann sich auf diese Weise nur schwer entwickeln: Am Beispiel von Frau Westphal (Kap. 1.1) war zu sehen, dass sie die Aufgabe 11 − 9 zwar (ergänzend und zählend) löst, den Zusammenhang zur Aufgabe 41 − 39 jedoch nicht herstellen kann. In beiden Fällen (nicht Erkennen von Tausch- bzw. Nachbaraufgabe und der Analogie) wird durch das verfestigte zählende Rechnen der Aufbau einer Grundvorstellung zu den beteiligten *Zahlen* erschwert. Das kann daran liegen, dass diese nur als Anfangspunkt bzw. Endpunkt eines Zählprozesses bzw. als Zählprozess selbst verstanden werden. Eine weitere Folge dieser fehlenden Einsicht in Zusammenhänge bzw. Analogien und das Fehlen tragfähiger Strategien kann eine unrealistische Einschätzung von Größenordnungen und Mengen sein. Frau Westphal kann Zahlen nicht in ihren Größenordnungen einschätzen (26 als Differenz von 50 und 24, Nähe von 41 und 39), weil sie sich auf unverstandene Regeln und das Zählen verlässt.

Eine weitere Folge des verfestigten zählenden Rechnens kann die unzureichende Entwicklung des Stellenwertverständnisses sein. Zwei Gründe liegen nahe: Zunächst wird die besondere Rolle der Zehn durch den ergebnisorientierten Zählprozess nicht deutlich. Es wird einfach über die 10, die 20, usw. „hinweggezählt" (ähnlich wie bei den vorangehenden Aktivitäten über das „j" hinwegbuchstabiert wurde). Darüber hinaus erschwert der Zählprozess, bei dem Zahlen als Endpunkt einer Zahlreihe aufgefasst werden, die Einsicht in die Zusammensetzung von Zahlen aus Zehnern und Einern. Wenn die 14 nur als Glied einer Zahlwortreihe aufgefasst wird (ähnlich dem „n" beim Buchstabieren), kann sie nur schwer als Summe ihrer Teile 10 und 4 erkannt werden. Ausführlicher werden Hürden bei der Entwicklung des Stellenwertsystems im nächsten Kapitel 3.2 beschrieben.

Grundvorstellungen zu Operationen können nur erschwert aufgebaut werden

Zählendes Rechnen behindert den Aufbau von Grundvorstellungen.

Wenn Addition und Subtraktion ausschließlich als Vor- bzw. Rückwärtszählen verstanden werden, kann sich ein umfassendes Verständnis für andere Operationen nur schwer entwickeln (z. B. Subtraktion als Vergleichen oder Ergänzen, Addition als Änderung) (LORENZ 2009; GAIDOSCHIK 2010). Dies wird vor allem bei Sachsituationen deutlich, in denen die Rechenoperationen flexibel eingesetzt werden müssen und nicht nur einseitig aktiviert werden sollen. So konnte Frau Westphal (Kap. 1.1) zwar eine passende Operation für die Lösung der realitätsnahen Aufgabe „Fahrkarte" über die Aktivierung der Grundvorstellung zum Subtrahieren als Wegnehmen bestimmen. Für die Lösung der Aufgabe „Bürostuhl", bei der ein Ergänzungszusammenhang gegeben ist, findet sie jedoch keinen passenden Rechenausdruck.

3.2 Probleme beim Stellenwertverständnis

Aufbau des Stellenwertsystems

Wer bereits sicher und flexibel mit dem Stellenwertsystem umgehen kann, ist sich nicht immer bewusst, welch zahlreiche Konventionen, Ideen und Hürden dem dezimalen Stellenwertsystem zugrunde liegen. Zunächst sind die drei mathematischen Ideen zu nennen, die unser Stellenwertsystem kennzeichnen:

(1) *Prinzip der fortgesetzten Bündelung:* Dieses Prinzip bezieht sich auf die Bündelung einer Anzahl von Objekten. Die Objekte werden immer zu 10er-Bündeln zusammengefasst, wobei erstens solange fortgesetzt wird, bis kein neues Bündel mehr voll wird, und zweitens werden fertige Bündel ihrerseits auch wieder in 10er-Bündel zusammengefasst. Aus 10er-Bündeln entstehen auf diese Weise Hunderter usw.

(2) *Prinzip des Stellenwerts:* Die *Position* der Ziffern einer geschriebenen Zahl bestimmt ihren Stellenwert, indem rechts beginnend die Bündelungseinheiten nach links ansteigen. Die eindeutige Position einer Ziffer im Stellenwertsystem ist vor allem bei der *Notation* und beim *Lesen* von Zahlen wichtig. Beim Sprechen von Zahlen wird die Bündelungseinheit im Zahlwort mitgenannt, streng genommen handelt es sich bei gesprochenen Zahlwörtern daher nicht um ein Stellenwert-, sondern um ein Bündelungssystem (vgl. PADBERG 2007, 56).

(3) *Prinzip des Zahlenwerts:* Der *Wert* einer Ziffer an einer bestimmten Position bestimmt die Anzahl der Bündel des dazugehörigen Stellenwerts (vgl. PADBERG 2007, 55). Auch hier ist die Zuordnung beim gesprochenen Zahlwort unmittelbar, bei notierten Zahlen ist die Zuordnung von der Konvention der stellenwertgerechten Schreibweise abhängig.

Diese drei Prinzipien spiegeln die Konventionen unseres Stellenwertsystems wider. Für ein Verständnis dieser Konventionen sind jedoch weitere Voraussetzungen notwendig. Eine Voraussetzung ist das flexible Verständnis des Zusammenhangs zwischen Zahlwort, Zahlzeichen und Menge (DE-HAENE 1993), also die wechselseitige Aktivierung von Grundvorstellungen zu diesen Aspekten einer Zahl wie in Abb. 3.1 dargestellt.

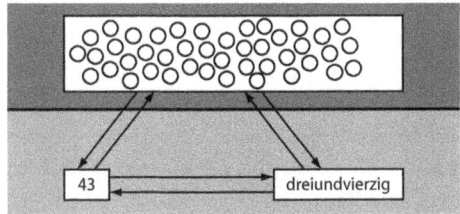

Abb. 3.1: Darstellungen der Zahl 43 (Teil A)

Eine weitere Voraussetzung ist die Einsicht in die Zerlegbarkeit von Zahlen. Wie oben bereits dargestellt, kann verfestigtes Zählen die Entwicklung dieser Einsicht behindern, wenn Zahlen ausschließlich als Zahlwortreihen bzw. als Endpunkt dieser Reihe verstanden werden. Wenn „Zahlen *nicht* die Eigenschaft der Zerlegbarkeit haben, können vermutlich *deshalb* sprachliche und visuelle Analysen der Art „48 sind acht und vierzig", „40 und 8 ist dasselbe wie 8 und 40" (gesprochen acht-und-vierzig) nicht vorgenommen werden" (GERSTER 2009, 261 Hervorhebungen im Original) (vgl. Abb. 3.1 und 3.2).

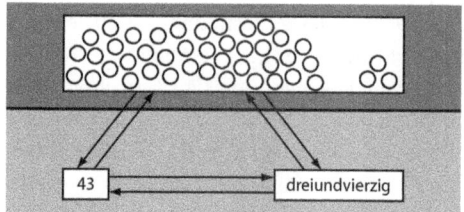

Abb. 3.2: Darstellungen der Zahl 43 (Teil B)

Nicht nur für die Unterscheidung von Zehnerzahl und Einern (vgl. Abb. 3.2) ist diese Einsicht in die Zerlegbarkeit von Zahlen wichtig, sondern ebenso für das Verständnis, dass die Zahl 40 aus vier Zehnern besteht, und nicht nur aus vierzig Einern (vgl. Abb. 3.2 und 3.3).

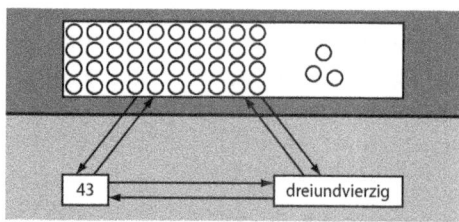

Abb. 3.3: Darstellungen der Zahl 43 (Teil C)

Probleme beim Verständnis der Regeln und Konventionen des Stellenwertprinzips werden vor allem dann offensichtlich, wenn Grundvorstellungen aktiviert werden müssen, wenn also Übersetzungen zwischen Zahlwort, Zahlzeichen und der entsprechenden Menge nötig bzw. gefordert werden.

STOPP – Aktivität!

Moni (eine Schülerin der 4. Klasse) soll Verdoppeln.
I: „Was ist das Doppelte von fünfundzwanzig?"
M: (nach sehr langem Nachdenken) „Vierhundert"

Versuchen Sie zu rekonstruieren, wie Moni auf dieses Ergebnis gekommen sein könnte.

Auf Seite 59 wird Monis Antwort noch einmal aufgegriffen und erklärt.

Neben unzureichend ausgebildeten Grundvorstellungen kann vor allem das Lesen, Sprechen und Schreiben von Zahlen viele Lernhürden bereithalten, die die Entwicklung eines Stellenwertverständnisses behindern. Im Folgenden werden diese Lernhürden kurz zusammengefasst.

Unregelmäßigkeiten bei der Bildung von Zahlwörtern

In zahlreichen Vergleichsstudien konnte nachgewiesen werden, dass Unregelmäßigkeiten bei der Zahlwortbildung im Gegensatz zu sehr regelmäßigen Bildungsregeln (z. B. im Chinesischen oder Koreanischen) die Entwicklung des Stellenwertverständnisses negativ beeinflussen (vgl. z. B. FUSON/KWON 1992; SARAMA/CLEMENTS 2009; BAUERSFELD 2009).

Es erscheint sinnvoll, zunächst die Bildung von Zahlwörtern bis 100 zu thematisieren und im Weiteren über die Unregelmäßigkeiten diskutieren zu können. Zu diesem Zweck soll in Abgrenzung zur Bildung der deutschen Zahlwörter im Folgenden betrachtet werden, nach welchem Prinzip die Zahlworte im koreanischen Sprachraum gebildet werden (Tab. 3.1).

Tab. 3.1 Zahlwortbildung in der koreanischen Sprache

1	Il	Eins
2	I	Zwei
3	Sam	Drei
4	Sa	Vier
5	O	Fünf
6	Yuk	Sechs
7	Chil	Sieben
8	Pal	Acht
9	Gu	Neun
10	Sip	Zehn
11	Sip-il	Zehn-Eins
12	Sip-i	Zehn-Zwei
20	I-sip	Zwei Zehn
30	Sam-sip	Drei-Zehn
43	Sa-sip-sam	Vier-Zehn-Drei
80	Pal-sip	Acht-Zehn
81	Pal-sip-il	Acht-Zehn-Eins

> **STOPP – Aktivität!**
>
> Untersuchen Sie die Bildungsregel der koreanischen Zahlwörter. Erkennen Sie ein System?

Im Koreanischen gibt es eine sehr regelmäßige Bildungsregel für die Aussprache von Zahlen – so wie in vielen anderen asiatischen Sprachen auch:
Die allgemeine Regel lautet: Zuerst wird die Anzahl genannt, dann die Größe der dazugehörigen Bündelungseinheit, dann die nächste Anzahl, dann die dazugehörige Bündelungseinheit usw. Die Zahl 375 würde übersetzt mit „Drei-Hundert-Sieben-Zehn-Fünf". Im Zahlenraum bis 100 gilt also folgende Sprechweise: „[Anzahl der Zehner]-Zehn-[Anzahl der Einer]".

Diese Bildung der koreanischen Zahlwörter hat keine Ausnahmen: Hier werden zum Beispiel keine Laute bzw. Silben weggelassen wie im deutschen (sechzig – *sechszig*, siebzig – *siebenzig*), es werden auch keine Laute um der besseren Sprechbarkeit verändert (dreißig – *dreizig*). Die Bildungsregel, die der deutschen Sprechweise von Zahlen bis 100 eigentlich zugrunde liegt, ist folgende:
„[Anzahl Einer]-und-[Anzahl Zehner]-zig" (sieben-und-fünf-zig). Zuerst werden die Einer genannt, dann der Operator „und", dann die Anzahl der Zehner und abschließend ein „zig" um die Bündelungseinheit kenntlich zu machen.

> **STOPP – Aktivität!**
>
> Überlegen Sie, welche Zahlwörter im deutschen Sprachraum *nicht* der Bildungsregel „[Anzahl Einer]-und-[Anzahl Zehner]-zig" entsprechen.
> Welches ist überhaupt das erste Zahlwort, für das diese Regel gilt?
> Gibt es mehr regelmäßig oder mehr unregelmäßig gebildete Zahlwörter bis 100?

- Die erste Unregelmäßigkeit im Deutschen (aber z. B. auch im Englischen) ist bei den Zahlwörtern „elf" und „zwölf" zu finden. Hier ist der Zusammenhang im Stellenwertsystem zur gemeinten Menge (einszehn, zweizehn) im Gegensatz zu den anderen Zahlwörtern ab „dreizehn" nicht gegeben. Der Eindruck, dass es für jede Zahl ein eigenes Zahlwort gibt, wird an dieser Stelle verstärkt. Die besondere Rolle der 10 als Bündelungseinheit wird hingegen geschwächt, weil sie nicht das letzte zu lernende Zahlwort ist.

- Bei den Zahlwörtern von 13 bis 19 fehlt im Gegensatz zu den Zahlen von 21 bis 99 das additive „und" (dreizehn, aber drei*und*zwanzig). Diese Unregelmäßigkeit wird z. B. besonders auffällig bei den vollen Hundertern, bei denen das Fehlen des „und" auf eine multiplikative Verknüpfung hinweist (dreihundert = 3 · 100, aber dreizehn = 3 + 10).
- Bei den Zahlwörtern für die vollen Zehner (zwanzig, dreißig, vierzig …) deutet die Endsilbe -zig nicht auf den Zusammenhang zur Bündelungseinheit „-zehn" hin. Die Bündelungseinheiten ab 100 werden im Gegensatz dazu wieder regelmäßig gebildet (5 800 – fünftausendachthundert).
- Eine Besonderheit des deutschen Sprachraums ist die inverse Zahlwortbildung aller Zahlen von 13 bis 99, die der Schreib- und Leserichtung westlicher Kulturen entgegenläuft (im englischen Sprachraum nur bei den Zahlen zwischen 13 und 19). Diese inverse Sprechweise tritt auch bei höheren Stellenwerten wieder auf (z. B. 54 000 – vierundfünfzigtausend, 24 000 000 – vierundzwanzig Millionen).

Eine weitere Schwierigkeit des gehörten Zahlworts ist seine Flüchtigkeit: Innerhalb eines Sekundenbruchteils ist oft nicht mehr belastbar zu rekonstruieren, welche Zahl gerade genannt wurde („Du hast aber vierzehn gesagt", „Nein, ich habe vierzig gesagt"), es sei denn, es stehen entsprechende Aufnahmegeräte zur Verfügung. In diesem Zusammenhang wird das Sprechen und Hören von Zahlen im Deutschen zu einem sprichwörtlichen Minenfeld: z. B. die phonetische Ähnlichkeit von vierzehn und vierzig, oder die Unsicherheit ob eine 45 oder eine 54 gehört wurde.

Probleme beim Schreiben und Lesen von zweistelligen Zahlen
Eine große Schwierigkeit beim Lesen und Schreiben von Zahlen ergibt sich im deutsprachigen Raum aus der Diskrepanz zwischen Notation und Sprechweise von zweistelligen Zahlen (vgl. SCHIPPER 2009).
- Die Konvention von links nach rechts zu lesen wird bei zweistelligen Zahlen gebrochen. Hier muss stattdessen zunächst die – von links gesehen – zweite und dann die erste Ziffer gelesen werden.
- Auch beim Notieren von Zahlen führt die inverse Sprechweise zu einem Bruch der Konvention, Gehörtes von links nach rechts zu schreiben. Kinder sollen im ersten Schuljahr beim Schreibenlernen vor allem zwei Regeln befolgen:
  1. Schreib, wie du hörst, (z. B. mithilfe der Anlauttabelle) und
  2. schreib von links nach rechts.
  Im Mathematikunterricht muss nun mindestens eine dieser Regeln gebrochen werden, sobald der Zahlenraum bis 100 thematisiert wird.

- Das inverse Notieren von zweistelligen Zahlen als gut gemeinte „Hilfestellung" („Schreib wie du hörst: Dreiundvierzig, erst die 3 und dann die 4 davor") führt seinerseits wieder zu mindestens drei Problemen bei der Entwicklung des Stellenwertverständnisses (Schipper 2009; Gaidoschik 2008):
  - Wird die inverse Schreibweise nicht konsequent eingehalten (was häufig der Fall ist), können Zahlendreher entstehen.
  - Die Reduzierung der Zahlwörter auf den Klang der einzelnen Ziffern beim Schreiben kann die sichere Unterscheidung von Zehnern und Einern im Zahlwort verhindern.
  - Spätestens beim Schreiben dreistelliger Zahlen müssen beim Notieren „Lücken" gelassen werden.
  - Darüber hinaus entstehen praktische Nachteile aus diesem gut gemeinten Rat, denn das Eingeben von Zahlen in den Taschenrechner oder Computer gelingt auf diese Weise nicht und führt automatisch zu Zahlendrehern.

Als unterrichtspraktische Folgerung ergibt sich daraus, dass es unerlässlich ist, mit den Schülerinnen und Schülern zu thematisieren, dass die Zahlwörter im Deutschen unregelmäßig gebildet werden. Ein besonderer Fokus sollte dabei auf der inversen Sprechweise liegen.

Unregelmäßigkeiten beim Schreiben von Zahlen lassen sich im Zahlendiktat mit Moni (Klasse 4) erkennen.

Tab. 3.2: Zahlendiktat mit Moni

Interview	1	I	Ich diktier' dir mal ein paar Zahlen und du schreibst sie auf: vierundfünfzig,	
	2	M	Notiert 4, dann 5 davor.	54
	3	I	achtundachtzig,	
	4	M	Notiert 8, dann 8 davor.	88
	5	I	siebzig,	
	6	M	In Schreibrichtung: 70.	70
	7	I	sechzig,	
	8	M	In Schreibrichtung: 60.	60
	9	I	einundsechzig,	
	10	M	In Schreibrichtung: 61.	61

11	I	siebenundsechzig,
12	M	Notiert 7, überlegt, dann 6 davor.
13	I	dreiundzwanzig,
14	M	Notiert 2, überlegt, dann 3 dahinter.
15	I	siebzehn,
16	M	In Schreibrichtung: 17.
17	I	einundsiebzig,
18	M	In Schreibrichtung: 71.
19	I	siebenundsechzig.
20	M	Zögert, schreibt 7, dann 6 davor.

> STOPP – Aktivität!
>
> Untersuchen Sie Monis Schreib*prozess*:
> Bei welchen Zahlen schreibt sie invers, bei welchen nicht?
> Bei welchen Zahlen zögert sie?
> Fallen Ihnen Gründe für Monis Vorgehen und ihr Zögern ein?
> Gibt es weitere Zahlen, die Sie Moni diktieren würden?
> Welche wären das und warum?
> Wie bewerten Sie Monis Notation von Zahlen?

Ein weiteres Problem stellt die Konvention der stellengerechten Notation selbst dar. Wie oben bereits erläutert, werden die Zahlwörter gebildet, indem die jeweilige Bündelungseinheit mitgesprochen wird (vgl. PADBERG 2007), z. B. sieben**hundert**achtundvier**zig** (wobei die Bündelungseinheit der Zehner durch das -zig nicht direkt ableitbar ist). Bei der Notation von Zahlen ergibt sich somit automatisch zunächst ein Informationsverlust, denn die Bündelungseinheiten sind nur noch durch die Konvention der Position der einzelnen Stellenwerte im Zahlzeichen abzulesen und nicht mehr unmittelbar sichtbar:

Warum die 7 in dem Zahlzeichen 748 für sieben Hunderter steht, ist ihr selbst nicht anzusehen. Die Verbindung bzw. Übersetzung zwischen Zahlzeichen und Zahlwort bzw. zwischen Zahlzeichen und Menge ist daher abstrakter als die Übersetzung zwischen Menge und Zahlwort.

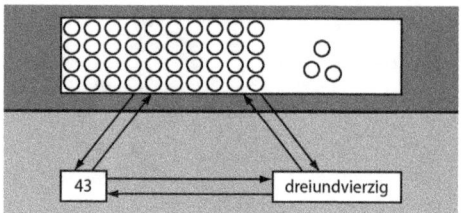

Abb. 3.4: Betrachtete Übersetzungsprozesse bei der Zahl 43

Beim Schreiben von Zahlen kann es daher häufig zu Interferenzen zwischen Zahlwort und Notation kommen (vgl. FUSON et al. 1997; SCHIPPER 2009; SCHERER/MOSER OPITZ 2010). So kann es vorkommen, dass die einzelnen Ziffern der Zahl dreiundvierzig beispielsweise nicht der Konvention entsprechend ihrem jeweiligen Stellenwert zugeordnet werden (43), sondern geschrieben werden wie gesprochen: 403 (wenn das Notieren der Zehner links von den Einern schon geklärt ist) oder 340 (wenn dies noch nicht der Fall ist).

Dadurch dass beim Zahlzeichen ausschließlich die Position über den genauen Wert der Zahl Auskunft gibt, können vor allem Kinder, die rechts und links noch nicht sicher unterscheiden können, ein Problem bei der Entwicklung eines Stellenwertverständnisses bekommen (vgl. SCHIPPER 2009). Sie können keine zuverlässige Verknüpfung zwischen Zahlzeichen, Zahlwort und Menge herstellen.

Zahlendreher

Zahlendreher sind im Zahlenraum bis 100 ein häufiges und auch ein auffälliges Anzeichen für Unsicherheiten beim Stellenwertverständnis (vgl. SCHIPPER/WARTHA/VON SCHROEDERS 2011). Sie sind jedoch nicht bloß ein Indikator für ein fehlendes Verständnis, sondern erschweren den Aufbau einer tragfähigen Grundvorstellung zu Zahlen: Wenn sich ein Kind bei der Zahl 42 nicht sicher ist, aus wie vielen Zehnern und Einern diese Zahl besteht, kann es eine Grundvorstellung zu Zahlen und zur Bedeutung der Stellenwerte nur schwer entwickeln.

Zahlendreher können bei jeder Übersetzung zwischen Menge, Zahlzeichen und Zahlwort auftreten (vgl. Abb. 3.5).

Zahlendreher treten vor allem *im Zahlenraum ab 20* auf – die Zahlen von 12 bis 19 werden sehr viel seltener „verdreht", ebenso deren Entsprechungen im ZR bis 100 (also z.B. 15–51, 17–71). Dies kann darauf zurückgeführt werden, dass auch die Zahlen von 10 bis 20 im ersten Schuljahr von den Kindern eher als „Bilder" verstanden und gelernt werden (ähnlich den

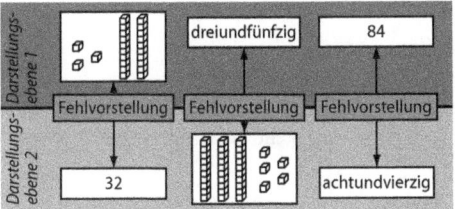

Abb. 3.5: Zahlendreher

Wortbildern im Sprachunterricht), und auch die entsprechenden Zahlwörter eher als „Vokabeln".

Zahlendreher im Unterricht zu entdecken ist nicht immer einfach. Das hat mehrere Gründe:

Beim Schreiben, Einstellen oder Sprechen einer Zahl, besteht immer eine Wahrscheinlichkeit von 50 Prozent dies richtig zu machen – selbst wenn noch nicht verstanden wurde, welche Zahl es eigentlich sein müsste. Daraus folgt, dass selbst seltene Zahlendreher durchaus ein Indiz für fehlende Grundvorstellungen sein können.

Am Beispiel von Marlen wird zudem deutlich, wie einfach es sein kann einen Zahlendreher zu „verharmlosen".

Tab. 3.3: Marlen arbeitet am Rechenrahmen

1	I	Achtunddreißig plus sechs	Reicht dem Kind einen 100er-Rechenrahmen.	Interview
2	M		Schiebt zunächst drei Reihen mit einem Fingerstreich. Schiebt nach längerer Pause weitere fünf Reihen dazu, dann noch drei Einerkugeln. Schiebt sechs Kugeln dazu.	
3	M	(leise) Achtundneunzig ..., äh umgekehrt neunundachtzig.		

4	I	(kurze Pause) Du hast zuerst diese Zahl eingestellt: Wie heißt die Zahl?	
5	M		Stellt wieder die 83 ein.
6	M	(sehr leise) Achtunddreißig …, äh umgekehrt.	
7	I	Wie heißt die Zahl, die jetzt eingestellt ist?	
8	M	Ich hab' nicht verstanden, jetzt: dreiundachtzig oder achtunddreißig?	
9	I	Ich hab' achtunddreißig gesagt. Und was ist das?	Deutet auf den Rechenrahmen (RR).
10	M		Stellt wortlos am RR die 38 dar.

STOPP – Aktivität!

Was kann die Ursache für Marlens Fehler sein?

Würden Sie ihr noch weitere Aufgaben stellen wollen? Welche? Warum würden Sie diese Aufgaben wählen?

Glauben Sie, dass Marlen große Probleme mit den Stellenwerten hat, oder halten Sie die eingestellte 83 im Beispiel für einen Flüchtigkeitsfehler? Woran machen Sie das fest?

Am Beispiel von Marlen wird deutlich, wie einfach aus einer falschen Zahl, die gewünschte gemacht werden kann. Wenn eine entsprechende Rückmeldung gegeben wird, muss einfach nur die „andere" also die Zahl mit vertauschten Ziffern dargestellt (gesprochen, geschrieben) werden. Eine Grundvorstellung zur Zahl muss an dieser Stelle also nicht aktiviert werden. Ob Marlen grundlegende Probleme mit den Stellenwerten hat, oder ob es in diesem Einzelfall z. B. ein Problem des Hörens war, sollte daher durch weitere Aufgaben zur Zahlauffassung und -darstellung überprüft werden, denn häufig bleibt der Unterschied bei oberflächlicher Betrachtung verborgen.

STOPP – Aktivität!

Betrachten Sie sich nochmal Monis Schreibprozess beim Zahlendiktat im Kasten auf Seite 54 f. an. Glauben Sie, dass Moni Probleme mit Zahlendrehern haben könnte? Womit können Sie Ihre Vermutung begründen?

Es gibt keinen zwingenden Zusammenhang zwischen Zahlendrehern und der inversen Schreibweise von Zahlen. Allerdings haben Kinder, die den Tipp Zahlen invers zu schreiben als unverstandenes „Rezept" anwenden, sehr viel größere Schwierigkeiten beim Aufbau von Grundvorstellungen zu Zahlen, weil Sie die Zahlworte nicht als „Ganzes" hören, sondern nur die Ziffern im Wort herausfiltern. Mit anderen Worten: Der Hinweis, „Schreib so wie du hörst", ist *nicht* hilfreich für Kinder, die noch unsicher sind bei der Unterscheidung von Zehnern und Einern. Eher im Gegenteil: Der Aufbau von Grundvorstellungen kann auf diese Weise erschwert werden. Hilfreicher wäre der Auftrag: „Welchen Zehner hörst du in der Zahl? Welchen Einer? Der Zehner wird links geschrieben, erst dann der Einer daneben." Genauere Hinweise zur Vermeidung von Zahlendrehern sind in Kapitel 4.2 ausgeführt.

STOPP – Aktivität!

In dem Aktivitätskasten auf Seite 50 ermittelt Moni als Lösung für das Doppelte von fünfundzwanzig nach langem Nachdenken vierhundert.
Die Lösung findet sie allerdings erst durch eine Materialhandlung, dabei stellt sie am Rechenrahmen für die fünfundzwanzig die folgende Menge ein:

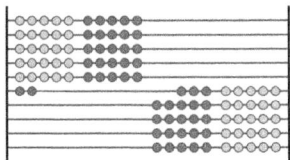

Abb. 3.6: Monis Darstellung der Fünfundzwanzig

Diese Menge verdoppelt Moni im weiteren Verlauf.
Können Sie sich jetzt Monis Lösung „Vierhundert" erklären?
Bewerten Sie jetzt möglicherweise Monis Zahlendiktat (S. 50) anders oder haben sich Ihre Vermutungen diesbezüglich bestätigt?
Hat Moni ein Problem mit dem Verdoppeln oder beim Darstellen und Auffassen von Zahlen?

Probleme beim Rechnenlernen

Es konnte in der mathematikdidaktischen Forschung bisher nicht abschließend geklärt werden, ob ein gut entwickeltes Stellenwertverständnis eine Voraussetzung für sicheres und flexibles Rechnen ist (vgl. BAROODY 1990; FUSON/BRIARDS 1990), oder ob umgekehrt sicheres Rechnen und die Thematisierung verschiedener Rechenstrategien die Entwicklung des Stellenwertverständnisses positiv beeinflussen. Es ist jedoch unbestritten, *dass* es einen Zusammenhang gibt: Kinder bei denen das Stellenwertverständnis noch unzureichend ausgebildet ist, lösen Additions- bzw. Subtraktionsaufgaben mehrstelliger Zahlen häufig über den schriftlichen Algorithmus oder ziffernweises Rechnen (CARPENTER et al. 1998; THOMPSON/BRANALD 2002). Nicht alle Kinder, die schnell und richtig Lösungen von Additions- und Subtraktionsaufgaben mit mehrstelligen Zahlen bestimmen – meist durch das Anwenden der schriftlichen Algorithmen – verfügen über ein gut entwickeltes Stellenwertverständnis (vgl. THOMPSON/BRANALD 2002). Aus diesen Ergebnissen lässt sich zwar ein kausaler Zusammenhang nicht schließen, sie lassen aber die Folgerung zu, dass Kinder in der Lage sind, stellen- oder ziffernweise Rechenstrategien anwenden zu können, ohne über ein tragfähiges Stellenwertverständnis verfügen zu müssen (BENZ 2007).

3.3 Schlussfolgerungen

In den Abschnitten 3.1 und 3.2 konnten an den Beispielen des verfestigten zählenden Rechnens und der Probleme bei der Entwicklung des Stellenwertverständnisses zentrale Hürden im mathematischen Lernprozess aufgezeigt werden. Im Folgenden sollen stichpunktartige Schlussfolgerungen gezogen werden, wie diese Hürden überwunden werden können. Diese Folgerungen werden nach inhalts- und prozessbezogenen Aspekten getrennt zusammengefasst.

Inhaltsbezogene Schlussfolgerungen:
Voraussetzungen zur Ablösung vom zählenden Rechnen
- Verständnis für die besondere Rolle der 10 im dezimalen Stellenwertsystem
- Auswendigwissen des kleinen 1 ± 1 (Alle Aufgaben im Zahlenraum bis 10). Das entspricht dem Auswendigwissen aller Zahlzerlegungen bis einschließlich 10
- Einsicht in Zahlbeziehungen (für alle nichtzählenden Strategien)
- Auswendigwissen aller Verdopplungsaufgaben im ZR bis 20 (für die Strategie Verdoppeln nutzen)

- Einsicht in Analogien (17 – 4 über 7 – 4)
- Nichtzählende Anzahlauffassung und -bestimmung

Voraussetzungen für die Entwicklung eines Stellenwertverständnisses
- Verständnis für die besondere Rolle der 10 im dezimalen Stellenwertsystem
- Tragfähige Grundvorstellungen zu Zahlen: wechselseitige Übersetzungen zwischen Zahlzeichen, Zahlwörtern und Mengen
- Einsicht in die Zerlegbarkeit von Zahlen
- Verständnis für das Bündeln und Entbündeln
- Einsicht in die Konventionen der stellenweisen Notation und des Lesens von Zahlen
- Wissen um die unregelmäßige Bildung der deutschen Zahlworte

Prozessbezogene Schlussfolgerungen:
Tab. 3.4: Prozessbezogene Schlussfolgerungen

Problem	Vorschlag
Ausschließlich ergebnisorientiertes Vorgehen beim Lösen von Aufgaben erschwert die Entwicklung von Grundvorstellungen zu Zahlen, Operationen und Strategien.	Der Fokus beim Rechnenlernen soll auf dem Lösungsprozess und den möglichen Bearbeitungswegen liegen und nicht ausschließlich der Lösung selbst.
Das zählende Rechnen kann die Entwicklung von Grundvorstellungen zu Zahlen, Operationen und Strategien behindern.	Nichtzählende Verfahren sollen gefordert und verstärkt werden (z. B. quasi-simultane Zahlauffassung und -darstellung).
Das Besprechen von verschiedenen Rechenwegen auf rein symbolischer Ebene, kann die Entwicklung von Grundvorstellungen behindern.	Verschiedene Rechenwege sollen im Unterricht nicht nur besprochen werden, sondern von den betroffenen Kindern auch handelnd nachvollzogen werden.
Beim zählenden Rechnen werden Veranschaulichungsmaterialien häufig ausschließlich als Zählhilfe genutzt.	Veranschaulichungsmittel müssen, wenn sich an ihnen tragfähige Strategien entwickeln sollen, einerseits die Struktur dieser Strategien als Handlung ermöglichen, andererseits nicht unreflektiert im Unterricht eingesetzt werden (vgl. Kapitel 5).

4 Aufbau von Grundvorstellungen

4.1 Ein Vierphasenmodell

Im ersten Kapitel wurde ausgeführt, wie über eine prozessorientierte Diagnose festgestellt werden kann, ob Grundvorstellungen zu Zahlen, zu Rechenoperationen und zu Strategien aktiviert werden können. In Abgrenzung zu den in Kapitel 2 beschriebenen Grundvorstellungen wurden in Kapitel 3 zwei besondere Hürden im Lernprozess dargestellt (zählendes Rechnen und mangelndes Stellenwertverständnis). Es wurde dargelegt, welche Grundvorstellungen für ein erfolgreiches Lernen und Weiterlernen nötig sind. Hier schließt sich die zentrale Frage an: Was ist zu tun, wenn *keine* angemessenen Grundvorstellungen aktiviert werden können? Konstruktiv formuliert: Wie kann der Aufbau von Grundvorstellungen unterstützt werden?

Die Grundidee beim Aufbau von Grundvorstellungen ist, dass *konkrete* Handlungen oder Bilder an geeigneten Materialien zu *gedanklichen* Operationen und Vorstellungen umgebaut werden (vgl. vom Hofe 1995). Dieser Prozess des *Aufbaus von mentalen Werkzeugen* kann – gerade bei leistungsstärkeren Kindern – häufig ohne besondere Unterstützung geschehen. Leistungsschwächere Kinder zeichnen sich hingegen oft dadurch aus, dass zwar am Material eine Handlung konkret durchgeführt, jedoch der Aufforderung „Beschreib mal, was du am Material tun müsstest" nicht nachgekommen werden kann.

Zahlreiche Schulbücher sind so aufgebaut, dass ein mathematischer Inhalt zunächst an einem konkreten Beispiel illustriert wird, häufig mit der Aufgabe an die Lernenden versehen, dieses Beispiel konkret nachzuspielen. Wenig später werden dann nur noch Aufgaben auf symbolischer Ebene gestellt.

Es liegt am Wesen von Schulbüchern, dass sie allenfalls Anregungen geben können für die Gestaltung von Lernsituationen und die Umsetzung von Aufgaben in der Unterrichtspraxis. Für die konkrete Unterstützung des Aufbaus mentaler Modelle bzw. gedanklicher Werkzeuge ist im Regelfalle die Lehrkraft verantwortlich. Aus den konkreten Veranschaulichungen werden von ihr im Unterrichtsalltag auch Situationen geschaffen, in denen diese Veranschaulichungen bei den Kindern nur noch als gedankliches Modell beschrieben werden sollen.

Einigen Kindern gelingt der Schritt vom konkreten Handeln zum „Operieren in der Vorstellung" nicht ohne Unterstützung. Wie diese Unterstützung aussehen kann, soll im Folgenden beschrieben werden.

Das vorgestellte Konzept wird in der Förderarbeit der Bielefelder und Karlsruher Beratungsstelle für Kinder mit Rechenstörungen erfolgreich eingesetzt (SCHIPPER 2008; WARTHA 2010; SCHIPPER/WARTHA/VON SCHROEDERS 2011). Es ist geeignet, um einerseits Unterricht für Lerngruppen zu planen und zu organisieren und andererseits den Weg des Aufbaus von Grundvorstellungen bei Lernenden zu dokumentieren. In den nächsten Absätzen wird dieses Konzept an verschiedenen Inhalten konkretisiert und mit Aufgabenbeispielen illustriert.

Der Prozess vom *konkreten zum gedanklichen Handeln* kann durch folgende vier Phasen unterstützt werden (vgl. WARTHA 2011; SCHIPPER/WARTHA/VON SCHROEDERS 2011; auch KUTZER 1999):

Tab. 4.1: Das Vierphasenmodell zum Aufbau von Grundvorstellungen

①	*Das Kind handelt am geeigneten Material.* Die mathematische Bedeutung der Handlung wird beschrieben. Zentral: Versprachlichen der Handlung und der mathematischen Symbole.
②	*Das Kind beschreibt die Materialhandlung mit Sicht auf das Material.* Es handelt jedoch nicht mehr selbst, sondern diktiert einem Partner die Handlung und kontrolliert den Handlungsprozess durch Beobachtung.
③	*Das Kind beschreibt die Materialhandlung ohne Sicht auf das Material.* Für die Beschreibung der Handlung ist es darauf angewiesen, sich den Prozess am Material vorzustellen. Die Handlung wird – für das Kind nicht sichtbar – noch konkret durchgeführt.
④	*Das Kind beschreibt die Materialhandlung „nur" in der Vorstellung.* Bei symbolisch formulierten Aufgaben wird der Handlungszusammenhang aktiviert.

Da vielen Kindern der Sprung vom konkreten Handeln (Phase ①) zum Handeln in der Vorstellung (Phase ④) nicht ohne Unterstützung gelingt, werden in vier Phasen Lernumgebungen beschrieben, in denen der Aufbau eines gedanklichen Werkzeugs unterstützt wird. Nach der konkreten Materialhandlung des Kindes (Phase ①) soll es die Handlung nicht mehr selbst durchführen, sondern den Handlungsprozess (einem Partner oder der Lehrkraft) beschreiben (Phase ②). Eine erste Ablösung von der Materialhandlung ist hiermit schon vollzogen. Um nun den Aufbau des gedanklichen Modells weiter zu fördern, wird in einem weiteren Schritt dem Kind die Sicht auf das Material genommen, das beispielsweise hinter einem Sichtschirm verborgen wird. Das Kind soll nun beschreiben, wie der Partner die Handlung durchführen soll. Hierzu ist es darauf angewiesen, sich ein Bild vor einem „geistigen Auge" zu konstruieren und hiermit mental zu operieren (Phase ③).

Das Verknüpfen der vier Phasen legt verschiedene Förder- und Diagnoseschwerpunkte nahe. Die Orientierung an den Phasen kann der Lehrkraft helfen, gezielt Unterrichtsschwerpunkte zu planen, durchzuführen und für diagnostische Situationen zu nutzen. In Tabelle 4.2 sind zentrale Aufgaben der Lehrkraft nach Phasen gegliedert beschrieben.

Tab. 4.2: Aufgaben der Lehrkraft

①	Auswahl eines geeigneten Materials und Klärung der Konventionen. Die Schülerhandlung wird beobachtet und bewertet, ob sie so durchgeführt wird, dass sie später auch „im Kopf" vorgenommen werden kann. Aufforderung zur Versprachlichung der Handlung.
②	Einsatz des in ① gemeinsam erarbeiten Handlungsvokabulars. Thematisierung von Missverständnissen und Unklarheiten.
③	Einsatz des in ① erarbeiteten und in ② gefestigten Handlungsvokabulars. Operieren auf der symbolischen und vorgestellten Handlungsebene. Nicht vorschnell auf der rein symbolischen Ebene arbeiten und Bezug auf die hinter dem Sichtschirm durchzuführende Handlung nehmen.
④	Häufiger Rückbezug auf Phase ③ herstellen und Fragen stellen wie „Was müsste ich am Rechenrahmen machen, um 34 − 7 zu rechnen", um eine vorschnelle Verselbstständigung der symbolischen Ebene zu vermeiden.

Aus diesem Vierphasenmodell ergeben sich mehrere Grundsätze für die Diagnose- und Förderarbeit, insbesondere bei schwachen Lernenden:
- Diagnose, in welchen Phasen ein Kind bei einem Inhalt (z.B. Zahlen darstellen) sicher arbeiten kann und in welchen Phasen es überfordert ist
- Kein Überspringen der Phasen ② und ③ beim Aufbau von Grundvorstellungen
- Bei Schwierigkeiten nur in die nächstniedrigere Phase zurückgehen, das Kind nicht sofort wieder konkret am Material (Phase ①) handeln lassen

Konkrete Umsetzungen von Diagnosesituationen werden im den Kapiteln 4.2 bis 4.5 beschrieben. Hier werden Förder- und Beobachtungsschwerpunkte zu den zentralen Hürden beim Rechnenlernen vorgeschlagen. Neben den prozessorientierten Beobachtungen zu Bearbeitungswegen ist für die Organisation von Fördersituationen von Bedeutung, ob das Modell (zum Beispiel der Rechenrahmen) noch konkret zur Verfügung stehen muss oder bereits „im Kopf" verwendet werden kann.

Dieses Phasenmodell ist nicht als Einbahnstraße zu verstehen. Viele Kinder, die in Bezug auf einen bestimmten Inhalt eine Aufgabe schon in der Vorstellung (Phase ④) bearbeiten können, scheitern zu einem späteren Zeitpunkt an einer vergleichbaren Aufgabenstellung. Zielführende Interventionen bestehen nun darin, zu erforschen, wie weit zurückgegangen werden muss:

- Genügt es, das Kind aufzufordern, die Handlung zu diktieren und hinter einem Sichtschirm diese Handlung durchzuführen (Phase ③)?
- Bei Schwierigkeiten bekommt das Kind (zumindest teilweise) Sicht auf das Material (Phase ②).
- Erst wenn auch durch Versprachlichung der sichtbaren Handlung diese nicht zielführend durchgeführt werden kann, sollte das Material konkret zur Handlung zur Verfügung gestellt werden.

Es sei darauf hingewiesen, dass dieses Phasenmodell nicht als *Stufenmodell* zu sehen ist. Selbstverständlich kann es vielen Schülern gelingen, direkt aus der konkreten Materialhandlung ein mentales Modell zu entwickeln, ohne dass explizit die Phasen ② und ③ durchlaufen werden müssen. Das Konzept wurde als Leitfaden für die Organisation von Lernumgebungen und zur Dokumentation von Lernfortschritten bei der Förderung besonders leistungsschwacher Kinder und Jugendlicher entwickelt.

Im Folgenden wird nun beschrieben, wie dieses Vierphasenmodell konkret zum Aufbau von Grundvorstellungen eingesetzt werden kann. Die Inhalte orientieren sich exemplarisch an der Überwindung der zentralen Hürden im Lernprozess vom zählenden Rechnen zum Aufbau der operativen Rechenstrategie des schrittweisen Rechnens. und der Entwicklung eines Stellenwertverständnisses.

4.2 Zahlen schreiben und sprechen

Eine zentrale Grundvorstellung zu natürlichen Zahlen ermöglicht die Übersetzung zwischen symbolischen Darstellungen (geschrieben als 73 oder gesprochen als *dreiundsiebzig*) und der Anzahl einer entsprechenden Menge (vgl. Kapitel 3.2). Zahlreiche Schwierigkeiten mit dieser Grundvorstellung zur Kardinalzahl können auf die inverse deutsche Sprechweise bei den Zahlen von 13 bis 99 zurückgeführt werden (vgl. Kapitel 3, S. 51 ff.). Der Aufbau einer tragfähigen Grundvorstellung kann mithilfe von Mehrsystemblöcken (MSB), genauer den Zehner-Stangen (Z-Stangen) und Einer-Würfeln (E-Würfel) unterstützt werden (vgl. z. B. Scherer/Moser Opitz 2010).

Mögliche Aufgabenstellungen und Beobachtungsschwerpunkte sind in Tab. 4.3 beschrieben.

Es ist wichtig, dass die unterrichtende Person Übersetzungen einfordert, indem sowohl auf der Materialebene Handlungen thematisiert werden (Z-Stangen und E-Würfel hinzufügen) als auch die mathematische Symbolsprache angesprochen wird (Zehner und Einer addieren). Hilfestellungen und Nachfragen sollten eher auf der handlungsorientierten Ebene gegeben bzw. gestellt werden: Im Gegensatz zur Frage *„Wie viele Zehner brauchst du?"* unterstützt die Formulierung *„Wie viele Z-Stangen brauchst du?"* die Erzeugung eines Bildes im Kopf.

Tab. 4.3: Vierphasenmodell konkret: Stellenwertverständnis

① *Handeln am geeigneten Material*
Klärung der Bündelung
Große Menge an E-Würfeln soll gezählt werden.
Nimmt das Kind bereits selbst Bündelungen vor?
Sinn der 10er-Bündelung am Material thematisieren: Bündelung bietet Übersichtlichkeit und Sicherheit.

Einführung der Mehrsystemblöcke
Wie viele von den kleinen Würfeln brauchst du, um eine Stange zusammenzubauen?
Was brauchst du, um die 40 zu legen?
Was brauchst du für die 42? Begründe, warum?
Achtung: Mit MSB nur solche Zahlen darstellen, deren Zehner- und Einerstelle 5 nicht überschreitet, um unnötigem Zählen vorzubeugen.

Zusammenhang zur Sprechweise verdeutlichen
Auf dem Tisch liegen 3 Zehner und 5 Einer. Den Zusammenhang zwischen dem Material (30 und 5), den Wortbestandteilen im Zahlwort (dreißig und fünf) und der Kommutativität (fünfunddreißig) klären.
Höre genau: dreiundvierzig. Welche Zahlen hörst du?
Lege mit dem Material und begründe.

Zusammenhang zur Schreibweise verdeutlichen
Lege immer zuerst die Z-Stangen links, erst danach die E-Würfel rechts.
Genauso werden die Zahlen auch geschrieben.
Material in Stellenwerttafel legen und Ziffern in Stellenwerttafel schreiben.

(Zehner)	(Einer)	(Zehner)	(Einer)
▥▥▥	▢▢▢▢▢	3	5

Zusammenhänge herstellen
Karten mit entweder Mengendarstellung, Ziffernschreibweise oder dem ausgeschriebenen Zahlwort vorbereiten (vgl. Abb. unten). Das Kind zieht eine Karte und soll die beiden jeweils anderen Darstellungsformen legen, nennen bzw. schreiben und begründen.
Beispiel für Karteikarten mit drei Zahldarstellungen:

| drei-und-vierzig | 54 | 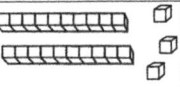 |

② *Beschreiben der Materialhandlung*
Was muss ich tun, um 54 (mündlich oder schriftlich präsentiert) auf den Tisch zu legen?
Wie viele Zehnerstangen brauche ich? Warum bist du dir sicher?
Welche Zahl ist hier mit Material dargestellt?
Lies vor und/oder schreibe auf.
Hier liegen 4 Z-Stangen und 2 E-Würfel. Wie heißt die Zahl? Wie heißt die Zahl, wenn ich drei Einerwürfel dazulege? Begründe.

③ *Beschreibung der Materialhandlung ohne Sicht auf das Material*
Ich möchte achtundsiebzig hinter den Sichtschirm legen. Was soll ich tun?
Ich habe hier drei Zehner und fünf Einer hinter dem Sichtschirm. Welche Zahl ist das? Schreib Sie auf. Warum bist du dir sicher?
Stell' dir vor, ich nehme jetzt eine Zehnerstange weg.
Wie viele Stangen und Würfel habe ich noch? Wie heißt die Zahl?
Abwandlung des Spiels „Mr. X": In einer Schachtel sind Z-Stangen und E-Würfel (z. B. 3Z und 5E). Die Schüler sollen herausfinden, welche Zahl im Kasten ist.
Die Kinder können nun Vermutungen anstellen. Dabei notieren sie ihren Tipp auf einem Blatt (der Tafel) und beschreiben die vermutete Menge ebenfalls am Material.
Wenn die Vermutung noch nicht stimmt, wird Rückmeldung gegeben: „Es sind weniger Z-Stangen, aber mehr E-Würfel" oder „Die Z-Stangen stimmen, aber die E-Würfel nicht".
Nun können die Schüler die Rückmeldung nutzen und die vorgestellte Zahl „umbauen".

④ *Beschreiben der Materialhandlung „nur" in der Vorstellung*
Was müsstest du mit den Stangen und Würfeln machen, um eine 65 zu legen?
Zahlendiktat – schreibe die diktierten Zahlen auf (54, 78, 87, 17, 67, 90, …)
Stell dir vor, ich lege 5 Z-Stangen und 4 E-Würfel. Wie heißt die Zahl?
Lies folgende Zahlen vor: 43, 57, 89 usw.
Welche Zahl ist größer 67 oder 76? Warum bist du dir sicher? Wie viele Z-Stangen bräuchtest du für diese Zahlen?
Taschenrechnerdiktate: Ich nenne dir Zahlen, du gibst sie in den Taschenrechner ein. Denk dran: erst die Zehner, dann die Einer.

> **STOPP – Aktivität!**
>
> Für Verdopplungsaufgaben im Zahlenraum bis 100 können ebenfalls Mehrsystemblöcke verwendet werden.
> Beschreiben Sie Arbeitsaufträge und Fördersituationen für alle vier Phasen, bei denen Zahlen wie 30, 42, aber auch 45 oder 27 verdoppelt werden können.

4.3 Zahlzerlegungen

In Kapitel 3, S. 44 – S. 46, wurde aufgezeigt, dass das Auswendigwissen aller Zerlegungen der Zahlen bis 10 eine zentrale Voraussetzung für das Ablösen vom zählenden Rechnen und dem Erwerb von operativen Strategien ist. Zahlzerlegungen sollten aber nicht wie eine Liste auswendig gelernt werden. Vielmehr sollen auch hier Bilder oder Handlungen mit den mathematischen Symbolen verbunden werden, also durch Übersetzungen ein Verständnis dieser Aufgaben ermöglicht werden (vgl. Kap. 2.5, S. 41). In Tabelle 4.4 wird für die Zehnerzerlegungen dargestellt, wie entsprechende Grundvorstellungen aufgebaut werden können (vgl. Schipper 2009), in Tabelle 4.5 werden Formate zur Behandlung der Zerlegungen der Zahlen unter 10 dargestellt.

Tab. 4.4: Vierphasenmodell konkret: Zahlzerlegungen der 10

① *Arbeiten an geeignetem Material*
Die Hände werden mit ausgestreckten Fingern auf den Tisch gelegt. Ein Stift wird zwischen 2 Finger gelegt und das Kind gibt an, wie viele Finger links und rechts sind. Im Beispiel: „7 und 3".

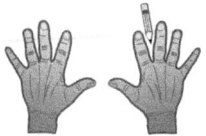

Werden die Finger auf einen Blick erfasst oder müssen sie gezählt werden?
Werden Tauschaufgaben (3 und 7, dann 7 und 3) genutzt?
Welche Aufgaben werden nichtzählend genannt, bei welchen muss noch gezählt werden?
Ein entsprechendes Format kann auch an der oberen Stange eines Rechenrahmens mit Fünferstruktur durchgeführt werden.

② *Nutzen des Materials ohne konkretes Handeln*
Der Stift wird nicht mehr zwischen die Finger gelegt, sondern es wird nur die erste Zahl genannt. Das Kind kann noch auf die Finger schauen, um hierüber die Lösung auf bildlicher Ebene zu finden.
Werden die Finger bei Schwierigkeiten genutzt?
Wie werden die Finger dann genutzt (simultan oder zählend)?

③ *Nutzen des Materials ohne Sicht darauf*
Die Finger werden nun mit einem Blatt Papier abgedeckt. Ansonsten wie bei ②

④ *Nutzen des Materials „nur" in der Vorstellung*
Zehnerfreunde: Dem Kind wird eine Zahl genannt, es soll die Ergänzung zur Zehn (den Zehnerfreund) nennen.
Nutzt das Kind Tauschaufgaben?
Bei welchen Zerlegungen ist es unsicher?
Nutzt es dann die Finger in der Vorstellung oder konkret – zählend oder simultan?
Minutenspiel: 60 Sekunden lang werden in rascher Folge Zahlen genannt, das Kind soll den entsprechenden Zehnerfreund nennen. Die Anzahl der richtigen Lösungen wird in eine Hitliste eingetragen, die wöchentlich aktualisiert wird – und Lernfortschritte gut dokumentiert.

STOPP – Aktivität!

Übersetzen Sie die in Tabelle 4.4 beschriebenen Fördersituationen auf das Rechnen mit Buchstaben (vgl. S. 43). Lernen Sie über das Vier-Phasenmodell die Zerlegungen der Zahl j.

Ein Partner soll hierzu einen Stift zwischen die auf den Tisch gelegten Finger platzieren. Sie nennen den Buchstaben, der der Anzahl der Finger links vom Stift entspricht, dann den zugehörigen „j-Freund" – die Anzahl der Finger rechts vom Stift als Buchstabe.

Welche Buchstaben können Sie bereits simultan erfassen, bei welchen benötigen Sie noch Zählprozesse?

Wann benötigen Sie keinen Blick mehr auf die Finger, um schnell auf die angesagte Zahl (c) den „j-Freund" (g) sagen zu können?

Tab. 4.5: Vierphasenmodell konkret: Zahlzerlegung der 7, 8, 9

① *Arbeiten an geeignetem Material (am Beispiel der 8)*
Acht Wendeplättchen werden geworfen, die Zerlegungen benannt und in einer Tabelle protokolliert. Das Protokoll kann zur Ablösung vom Zählen genutzt werden, wenn das Kind feststellt, dass bestimmte Zerlegungen häufig auftauchen.
Für die Zahlzerlegungen wird eine Vokabel (z. B. „Zahlenfreunde" oder „Zahlenschlüssel") festgelegt, um später die Kommunikation zu erleichtern: Wie heißt der Achterfreund/Achterschlüssel zur 2?
Fragen zur Ablösung vom Zählen: Musst du jedes Mal beide Farben zählen? Hilft dir die Tabelle? Kannst du die Anzahl der anderen Farbe auch schon ohne die Tabelle nennen? Das Protokoll kann nach einigen Würfen untersucht werden: Fehlen noch Möglichkeiten? Leg diese mit den Plättchen. Variation: Vor dem Wurf tippen, wie viele blau, wie viele rot sind; dann überprüfen.
Analog zur Zehnerzerlegung (Tab. 4.4): Plättchen in einer Reihe auf dem Tisch; Mengen werden mit Stift getrennt.
Alternative: Aus Steckwürfeln werden verschiedene Achtertürme aus je einem roten einem blauen Teil-Turm gebaut. Hierzu soll die Zerlegung genannt werden. Achterturm zur Zerlegung 3 und 5.

Zwar werden hier möglicherweise Teilmengen zählend ermittelt, aber beim Kontrollieren, ob alle möglichen Türme gefunden wurden, können wertvolle Entdeckungen gemacht werden. Beispielsweise sind Beobachtungen beim Bau einer „Treppe" zum gegensinnigen Verändern (1 und 7, 2 und 6, 3 und 5 usw.) und zur Kommutativität (2 und 6, 6 und 2) möglich. Über Begründungen, warum alle möglichen Zerlegungen gefunden wurden, können Strategien erarbeitet werden, welche Zahlenpaare aus bereits bekannten Aufgaben abgeleitet werden können (gegensinniges Verändern, Nachbaraufgabe, Tauschaufgabe).

② *Nutzen des Materials ohne konkretes Handeln*
Mit Plättchen liegt die Zerlegung 3 rote und 5 blaue auf dem Tisch. Welche Zerlegung bekommt man, wenn zwei rote umgedreht werden?
Plättchen liegen in der Reihe auf dem Tisch, eine Zahl wird genannt. Wie heißt die andere Zahl (kein Stift dazwischen).

③ *Nutzen des Materials ohne Sicht darauf*
Werfen von Wendeplättchen hinter dem Schirm, die Anzahl der roten / blauen sollen geraten werden (Wie viele Paare müssen angesagt werden, bis das richtige gefunden ist?) Leichter: Die Anzahl der blauen Wendeplättchen wird angegeben.
Werfen von 8 Wendeplättchen hinter dem Sichtschirm: Partner A wirft, Partner B muss tippen wie viele Plättchen rot und wie viele blau sind. Für jeden Fehlversuch gibt es einen Punkt, für die richtige Zerlegung gibt es 2

Punkte. Für jeden unmöglichen Fehlversuch (3 und 4) gibt es keinen Punkt. Eine am Rechenrahmen eingestellte 8 wird abgedeckt und eine Zahl genannt. Das Kind soll die fehlende Anzahl bis 8 nennen. Hin und wieder soll das Kind die Anzahl und die Farben der Perlen beschreiben. Ob die Beschreibung stimmt, kann überprüft werden, indem die Abdeckung kurz angehoben wird.

(4) *Nutzen des Materials „nur" in der Vorstellung*
Minutenspiel (vgl. Zehnerzerlegung) zur Automatisierung.
Zwölfe streichen (vgl. z. B. flic-flac oder Klappenspiel): Auf einem Papier werden die Zahlen von 1 bis 12 notiert. Abwechselnd wird mit 2 Würfeln geworfen. Es dürfen die Zahlen ausgestrichen werden, die zusammen die Würfelsumme ergeben.
Ein Beispiel: Das Kind würfelt nun eine 3 und eine 4, insgesamt also 7. Es könnte nun z. B. die 3 und die 4, aber auch die 2 und 5 oder die 7 streichen. Auch Zerlegungen in drei Zahlen sind erlaubt: 1, 2, 4. Wer als Erster alle Zahlen durchgestrichen hat, ist der Gewinner. Beide Spieler müssen aufpassen, dass dem anderen keine Fehler unterlaufen.
Alternative: Ist ein Spieler die Lehrkraft, so kündigt diese an, beim Abstreichen auch ab und zu Fehler zu machen. Wenn das Kind diese entdeckt, darf es dafür eine Zahl nach Wahl streichen.
Um ein Ablösen von Zählstrategien zu erreichen, sollen Zahlzerlegungen schon während der ersten Klasse gut und sicher auswendig gewusst werden. Nach dem Vorbild des „Einmaleins-Führerscheins" wird ein entsprechender „Zerlegungsführerschein" erstellt. Wer der Lehrkraft zeigen kann, dass er die Achterzerlegungen schnell und sicher weiß, bekommt den Stempel an die entsprechende Stelle im Führerschein.
Nur bei 7er-Zerlegung: Würfeln mit einem Spielwürfel; Kind soll die verdeckte Zahl nennen.

4.4 Schrittweise über den Zehner rechnen

In zwei Beispielen wurde das Vierphasenmodell für den Aufbau von Grundvorstellungen zu Eigenschaften von Zahlen im dezimalen Stellenwertsystem (Kapitel 4.2) bzw. zu Zerlegungen (Kapitel 4.3) konkretisiert. Im Folgenden soll es für den Aufbau einer Grundvorstellung zu einer Rechenstrategie herangezogen werden. Eine – auch im Zahlenraum bis 100 und darüber hinaus – universelle Strategie zur Berechnung von Plus- und Minusaufgaben des Typs ZE ± E ist das schrittweise Rechnen über den Zehner (vgl. SCHIPPER 2008).

Für die Erarbeitung einer Grundvorstellung zu dieser Rechenstrategie sind zahlreiche Voraussetzungen nötig. Zentral ist das sichere Auswendigwissen der Zerlegungen aller Zahlen bis einschließlich 10, das Wissen um die Eigenschaften und die Konventionen des Hunderter-Rechenrahmens (immer 10 Perlen auf einer Reihe, Farbwechsel bei 5 und 50, Mengen werden auf der linken Seite eingestellt) und das schnelle (quasi-simultane) Auffassen und Darstellen am Rechenrahmen. Ausführlich sind diese Voraussetzungen in Kap. 3, S. 60 – S. 61, beschrieben. Nützlich ist spätestens zu diesem Zeitpunkt, dass eine Vokabel für die Zahlzerlegungen („Zahlenfreund", „Zahlenschlüssel") vereinbart wurde.

**Tab. 4.6: Vierphasenmodell konkret:
Schrittweise über den Zehner rechnen**

① *Handeln an geeignetem Material*
Berechne 74 – 7.
Hierzu soll zunächst 74 mit möglichst wenigen Zügen am Rechenrahmen eingestellt werden, dann 4 Einer zurückgeschoben werden (Zwischenergebnis 70) und schließlich die fehlenden 3 weggeschoben werden (Ergebnis 67).
Am Material kann nun auch geklärt werden, an welcher Stelle (in diesem Beispiel) die Zerlegung der 7 und dann die Zerlegung der 10 benötigt wird.

② *Beschreiben der Materialhandlung*
Das Kind soll diktieren, wie die Aufgabe 47 + 8 am Rechenrahmen gelöst werden soll. Eine mögliche Interaktion zwischen Kind (K) und Lehrkraft (L):

K: Stell erst einmal die 47 ein.
L: Wie soll ich das einstellen?
K: Erst 4 ganze Reihen, dann 7 Einer. Dann 8 dazu.
L: Ich kann keine 8 dazutun.
K: Dann erst 3 …
L: Wie viel hab ich dann?
K: 50, dann noch die …
L: Denk an die Achterfreunde!
K: … die fehlenden 5. Dann sind das 55.

③ *Beschreibung der Handlung ohne Sicht auf das Material*
Das Kind soll diktieren, was am Rechenrahmen hinter dem Sichtschirm geschoben werden muss, um die Aufgabe 92 – 6 zu lösen.
Als Übergang zwischen Phase und kann das Kind aufgefordert werden, erstmal die Augen zuzumachen und sobald es unsicher wird, kurz zu gucken.

④ *Beschreiben der Handlung „nur" in der Vorstellung*
Weitere Aufgaben des Typs ZE ± E mit und ohne Zehnerübergang werden gestellt und sollen bearbeitet werden. Bei falschen und richtigen Bearbeitungen wird hin und wieder Bezug auf die entsprechende Materialhandlung genommen.

Die Beschreibung der Lernumgebungen bezieht sich hier meist auf eine Förderung in einer Kleingruppe, die eine direkte Interaktion mit dem Lernenden über einen längeren Zeitraum ermöglicht. Grundsätzlich können diese Fördersituationen auch auf regulären Mathematikunterricht übertragen werden. Beispielsweise können in Phase ③ immer zwei Kinder Aufgaben in Partnerarbeit bearbeiten: Kind A erhält ein Kärtchen mit einer Aufgabe, z. B. 46 – 8. Kind B hat einen Rechenrahmen hinter dem Sichtschirm. Nun beschreibt A dem Partner B, was dieser daran einstellen soll. Wenn er das Ergebnis am Rechenrahmen richtig beschreiben kann und die zugehörigen Zahlen (Startzahl, ganzer Zehner, Ergebnis) sagt, werden die Rollen getauscht.

4.5 Zehneranalogien

Analogien sind ein sehr mächtiges Werkzeug beim Rechnen, insbesondere in größeren Zahlenräumen. Auch im Zahlenraum bis 100 kann das Wissen um die Lösung der Aufgabe 4 + 5 = 9 für zahlreiche weitere Aufgaben genutzt werden, die nicht neu berechnet werden müssen (vgl. Schipper 2009):

14 + 5 = 19 (Eineranalogie)
4 + 75 = 79 (Eineranalogie)
40 + 50 = 90 (Zehneranalogie)
42 + 50 = 92 (Zehneranalogie)
40 + 57 = 97 (Zehneranalogie)

Die zwei zentralen Beobachtungen bei der Zehneranalogie bestehen darin, dass bei der Lösung der Aufgabe 47 + 50 einerseits 4 Z + 5 Z = 9 Z genutzt wird, andererseits sich an den Einern nichts ändert. Das Zehnermaterial der Mehrsystemblöcke (Z-Stangen und E-Würfel) ermöglicht bei entsprechender Thematisierung (vgl. Kap. 4.2) diese Beobachtungen.

Tab. 4.7: Vierphasenmodell konkret: Zehneranalogien

① *Arbeiten am geeigneten Material*
Hier gibt es Z-Stangen und E-Würfel. Wie kannst du die Aufgabe 52 – 30 lösen?
Thematisierung des Zusammenhangs 5 – 3 = 2, also 5 Z – 3 Z = 2 Z, also 50 – 30 = 20, also 52 – 30 = 22.

② *Beschreiben der Materialhandlung*
Das Kind soll diktieren, welche Handlungen mit Mehrsystemblöcken vorgenommen werden sollen, um die Aufgabe 34 + 20 zu berechnen. Genügt es schon, nur die 34 auf den Tisch zu legen?

③ *Beschreiben der Handlung ohne Sicht auf das Material*
Hinter einem Sichtschirm soll mit Mehrsystemblöcken die Aufgabe 62 − 40 berechnet werden. Das Kind soll diktieren, was zu tun ist. Welche Handlung soll vorgenommen werden? Wie viele Z-Stangen, wie viele E-Würfel bleiben liegen?
Wie heißt das Ergebnis?

④ *Beschreiben der Handlung „nur" in der Vorstellung*
Weitere Aufgaben des Typs ZE ± Z werden gestellt und hin und wieder die Frage gestellt, wie mit Mehrsystemblöcken gehandelt werden müsste. Gemeinsamkeiten und Unterschiede zu Aufgaben des Typs ZE ± E ohne Zehnerübergang können besprochen werden.

4.6 Ausblick

Hier wurden nur einige Beispiele gezeigt, wie mit dem Arbeiten im Vierphasenmodell Grundvorstellungen zu Zahlen und Rechenstrategien aufgebaut werden können. Das Konzept lässt sich auf weitere Grundvorstellungen – bis hin zur Bruchrechung – ausweiten (vgl. WARTHA 2011). Zahlreiche weitere praktische Vorschläge zum Arbeiten in diesem Modell sind beispielsweise bei SCHIPPER/WARTHA/VON SCHROEDERS (2011) beschrieben.

Grundvorstellungen sind nicht als isolierte Modelle zu verstehen – leistungsfähig werden sie erst, wenn sie ein Netzwerk aus Zusammenhängen und Abgrenzungen bilden. Beispielsweise ist für schrittweises Rechnen von Aufgaben wie 74 − 38 eine Kombination von mehreren Grundvorstellungen nötig. Zunächst muss zu den Zahlen 74 und 38 eine Grundvorstellung (beispielsweise als Anzahl einer Menge) aktiviert werden. Eine verständnisbasierte Berechnung der Aufgabe kann über zwei Schritte erfolgen:

(1) Verrechnung der Einer durch die Aktivierung der Strategie des schrittweisen Rechnens über den Zehner (in diesem Fall 74 − 8 = 66 über − 4 und − 4) wie in Kap. 4.4 beschrieben. Hierbei ist zusätzlich Wissen um die Zahlzerlegungen der 8 und der 10 nötig.

(2) Verrechnung der Zehner durch Aktivierung einer Grundvorstellung zur Zehneranalogie (hier: 66 − 30 = 36). Hierbei ist zusätzlich Wissen um die Aufgaben des kleinen 1 ± 1 (6 − 3) erforderlich (vgl. Kap. 4.5).

Eine Verknüpfung mit Grundvorstellungen zur Kommutativität (Tauschaufgaben) kann durch die Diskussion hergestellt werden, ob die Reihenfolge erst (1), dann (2) vorteilhaft ist oder ob auch zunächst (2), dann (1) gerechnet werden sollte.

Da dem Aufbau der Grundvorstellungen *schrittweise über den Zehner* und *Nutzen der Zehneranalogie* nicht nur zwei grundsätzlich verschiedene

Materialhandlungen, sondern auch zwei verschiedene Materialien (Rechenrahmen und Mehrsystemblöcke) zugrunde liegen, empfiehlt es sich, diese Grundvorstellungen erst zu verknüpfen, wenn die Handlungen nicht mehr konkret, sondern schon im Kopf durchgeführt werden können. Ein Materialwechsel zwischen Schritt (1) und (2) würde die Aufmerksamkeit zu weit von der Rechnung entfernen. Anders gesprochen: Aufgaben des Typs ZE ± ZE mit Zehnerübergang werden erst behandelt, wenn Aufgaben der Art ZE ± E und ZE ± Z wenigstens in Phase ③, besser nur in der Vorstellung, also in Phase ④ bearbeitet werden können.

Der Aufbau von Grundvorstellungen setzt das Handeln am „geeigneten Material" voraus. Abschließend soll in diesem Buch daher geklärt werden, welche Materialien für welche Inhalte geeignet sind und wie diese ausgewählt werden können. Wieso wurde beispielsweise der Rechenrahmen zwar für das schrittweise Rechnen über den Zehner eingesetzt, aber nicht beim Aufbau einer Grundvorstellung zur Zehneranalogie? Wieso wurde das Mehrsystemmaterial für die Zehneranalogien verwendet, aber nicht für das schrittweise Rechnen über den Zehner? Wäre es nicht vorteilhafter für die Kinder, nur an einem Material zu arbeiten?

Die Rolle von Veranschaulichungsmaterialien

5.1 Funktionen von Material

Der Einsatz von Veranschaulichungsmaterialien ist – zumindest im Unterricht der Primarstufe – selbstverständlich. Hierbei wird Material unter verschiedenen Zielsetzungen eingesetzt. Drei zentrale Funktionen von Veranschaulichungsmitteln können unterschieden werden (vgl. SCHIPPER 2009):

Materialien haben zunächst die Funktion einer *Lösungshilfe*, die dem Lernenden eine (richtige) Lösung einer Aufgabe ermöglichen soll. Gerade zu Beginn von Lerneinheiten wäre eine Bearbeitung von Aufgabenstellungen ohne Material nicht möglich. Frau Westphal (vgl. Kapitel 1) kann die Aufgabe 6 + 8 ohne Material, d.h. ihre Finger nicht lösen. Erst durch den Einsatz von Material wird sie handlungsfähig. Bei Unsicherheiten können Rechnungen mit Materialhandlungen überprüft werden. Wenn sich die Verwendung von Material jedoch auf die Funktion der Lösungshilfe beschränkt, dann erfüllt es nur die Aufgabe eines Taschenrechners. Durch den frühzeitigen Einsatz von Taschenrechnern könnte im Unterricht zwar die Anzahl richtig gelöster Aufgaben erhöht werden, Grundvorstellungen zu den Zahlen und den Rechenoperationen werden sich hierdurch in der Regel jedoch nicht ausbilden.

Geeignete Materialien ermöglichen den Aufbau von Grundvorstellungen, sie haben also die Funktion einer *Lernhilfe*. Da Grundvorstellungen mentale und keine konkreten Werkzeuge sind, muss ein Material gewählt werden, das eine Bearbeitung nicht nur konkret, sondern auch mental, also in der Vorstellung ermöglicht. Hierbei sollte die Materialhandlung mit der angestrebten Kopfrechenstrategie bzw. der mathematischen Idee, die hinter der Handlung steckt, übereinstimmen.

Am Beispiel der Bearbeitung der Aufgabe 53 – 7 am Rechenrahmen und an der Rechenkette soll dieser Aspekt illustriert werden (vgl. Tabelle 5.1). Schon bei der Darstellung der Zahl 53 legen die Materialien verschiedene Handlungen nahe. Am Rechenrahmen können die Zehner zählend, aber auch quasisimultan über das Nutzen des Farbwechsels bei 50 dargestellt werden. An der Rechenkette ist diese nichtzählende Vorgehensweise nicht möglich, da die entsprechende Strukturierung fehlt. Ein *zählendes* Ermitteln der 5 Zehner ist unvermeidlich.

Tab. 5.1: 53 – 7 mit Rechenrahmen und Rechenkette

Rechenrahmen	Rechenkette

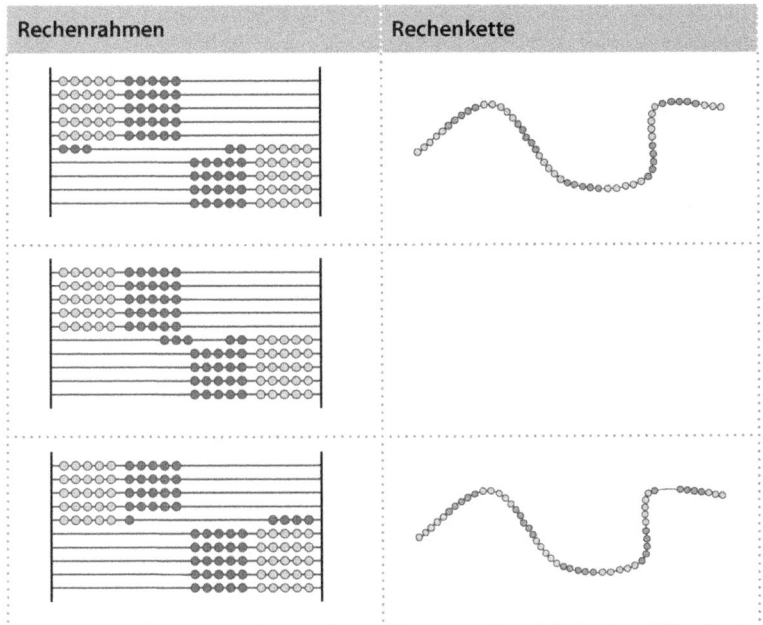

Soll nun im Sinne der in Kap. 4.4 beschriebenen Vorgehensweise 53 – 7 über 53 – 3 = 50, 50 – 4 = 56 gerechnet werden, muss die 7 zerlegt werden. Die Struktur des Rechenrahmens gibt diesen Schritt vor, der Zehnerübergang ist sozusagen eingebaut. An der Rechenkette gibt es zwar einen Farbwechsel bei der 50 (wie auch bei der 45 und 55), die Zerlegung der 7 ist jedoch nicht notwendig. Der Zehnerübergang erschiene hier sehr künstlich, da 7 Perlen auch in einem Schritt weggeschoben werden können. Im Sinne einer reinen Ergebnisfindung ist dieses Vorgehen ausreichend, nicht jedoch im Hinblick auf die Entwicklung der tragfähigen Kopfrechenstrategie „schrittweise Rechnen".

Das Handeln allein muss hierbei noch nicht den Aufbau von geistigen Werkzeugen bewirken. Zentral ist die Rolle der Sprache, denn für viele Kinder kann erst durch die Verbalisierung die Handlung reflektiert werden. Ob eine Grundvorstellung aufgebaut wurde, kann ebenfalls über Sprache festgestellt werden: Es werden Handlungen in der Vorstellung abgefragt: „Was müsstest du tun, um 71 am Rechenrahmen einzustellen?" „Wie müsstest du 17 – 5 am Rechenrahmen rechnen?"

An dieser Stelle wird die dritte Funktion von Material deutlich: Material ist eine *Kommunikationshilfe*, die die Darstellung bzw. Argumentation bei Lösungswegen erleichtert. Eine Erklärung auf symbolischer Ebene kann zwar Regeln und Definitionen vermitteln, Grundvorstellungen werden jedoch erst aktiviert, wenn die Erklärung sowohl am Material als auch symbolisch vorgenommen werden kann. Die Unterstützung der Kommunikation durch Material ermöglicht somit die Diagnose von Grundvorstellungen.

Wichtig bei der Auswahl und beim Einsatz von Veranschaulichungsmitteln ist, dass sie nicht nur als Lösungshilfe, sondern vor allem als Lern- bzw. Kommunikationshilfe fungieren können. Im nächsten Abschnitt wird auf dieser Grundlage erarbeitet, welchen Kriterien ein Material genügen muss, damit an ihm Grundvorstellungen entwickelt werden können.

5.2 Auswahl von Material

Wenn Veranschaulichungsmittel zum Aufbau von Grundvorstellungen eingesetzt werden sollen, dann müssen sie die Funktion einer Lern- und Kommunikationshilfe erfüllen. Während so gut wie alle Materialien (auch Alltagsmaterialien) als Lösungshilfe dienen können, ist die Auswahl unter den Aspekten Lern- und Kommunikationshilfe nicht trivial. Es gilt vor allem, drei Aspekte zu beachten:

Tab. 5.2: Auswahlkriterien für geeignetes Material

- Wird an Vorkenntnisse angeknüpft?
- Kann der angestrebte Inhalt am Material handelnd umgesetzt werden?
- Kann diese Handlung auch im Kopf durchgeführt werden?

Diese Kriterien sollen nun auf verschiedene Materialien in Bezug auf den Aufbau von Grundvorstellungen angewendet werden. Der Zahlenstrahl als Arbeitsmittel (vor allem im *ersten* Schuljahr) wird an dieser Stelle nicht weiter berücksichtigt (zur Begründung siehe Höhtker/Selter 1995 – hier finden sich auch Unterrichtsideen für die Einführung des leeren Zahlenstrahls im *zweiten* Schuljahr). An einem Material soll gelernt werden, dass Zahlen nicht zählend, sondern auch nichtzählend dargestellt werden können. Die Vorkenntnisse können also in einer zählenden Strategie der Zahldarstellung gesehen werden, der angestrebte Inhalt ist eine nichtzählende Zahldarstellung, sowohl konkret als auch als vorgestelltes Bild. In Tabelle 5.3 sind verschiedene typische Unterrichtsmaterialien aufgeführt und werden in Bezug auf die drei Auswahlaspekte für Material bewertet.

Tab. 5.3: Auswahl von Material zur nichtzählenden Darstellung der Zahl 8 als Mengenangabe

Material	Vor-kenntnisse	Handlung = Strategie	Handlung im Kopf
Steckwürfel	Ja	Nein	
Finger	Ja	Ja	Ja
Rechenschiffchen	Ja	Nein	
Rechenzüge	Ja	Nein	
Wendeplättchen	Ja	Nein	
Cuisenaire-Stäbe	Nein		
Rechenrahmen	Ja	Ja	Ja
Rechenketten	Ja	Ja	Ja
Mehrsystemblöcke	Ja	Nein	

Zunächst soll das Material so beschaffen sein, dass das Kind mit den bisherigen Strategien daran arbeiten kann. Wenn Zahlen nur über Zählstrategien dargestellt werden können, sollen Veranschaulichungsmittel gewählt werden, an denen ein Abzählen der Mengen möglich ist. Bis auf die Cuisenaire-Stäbe (farbige Stäbe ohne Unterteilungen) erfüllen jedoch so gut wie alle Materialien, auch Alltagsgegenstände wie Nüsse oder Murmeln, diese Aufgabe. Auch ist es bei den meisten Arbeitsmitteln möglich, sich 8 Objekte mental vorzustellen, zumindest dann, wenn sie strukturiert angeordnet werden (beispielsweise in 5 und 3 oder 2 mal 4 oder 4 mal 2 Objekte).

Wenn der zu lernende Inhalt jedoch ist, dass die Zahlen nicht nur über zählende, sondern auch über nichtzählende Strategien darstellt werden sollen, dann entfallen weitere Materialen (vgl. Tabelle 5.3). Während 8 Finger quasisimultan gezeigt werden können (beispielsweise 5 links und 3 rechts), am Rechenrahmen ebenfalls unter Verwendung der Fünferstruktur die 8 auf einen oder auf 2 Züge (erst 5, dann 3) eingestellt werden kann, so ist das bei Rechenschiffchen oder -zügen und bei den Mehrsystemblöcken schwer möglich: 8 Steine müssen einzeln oder in Teilen in die Hand genommen werden. Auch bei den Steckwürfeln und Wendeplättchen ist das Kind gezwungen, zu zählen, da die Strukturierung nicht im Material vorgegeben ist (Farbwechsel nach der 5). Das Kind selbst muss für diese Struktur sorgen bzw. sie *zählend* überprüfen. Selbst wenn ein Kind schon in Ansätzen nichtzählende Verfahren verwendet, wird es an einem ungeeigneten Material gezwungen, mit „schlechteren" Strategien zu handeln. Eine Ablösung vom Zählen kann an diesen Materialien vergleichsweise schwer erfolgen.

Tab. 5.4: Auswahl von Material zur nichtzählenden Darstellung der Zahl 87

Material	Vorkenntnisse	Handlung = Strategie	Handlung im Kopf
Steckwürfel	Ja	Nein	
Finger	Ja	Nein	
Rechenschiffchen	Ja	Nein	
Rechenzüge	Ja	Nein	
Wendeplättchen	Ja	Nein	
Rechenrahmen	Ja	Ja	Ja
Rechenketten	Ja	Nein	
Mehrsystemblöcke	Ja	Nein	

Eine nichtzählende Darstellung von Zahlen größer als 10 kann an Fingern nicht gelingen. Auch bei Rechenketten ist das in der Regel nicht möglich – es müssen zunächst die Zehner, dann die Einer einzeln gezählt werden. Die Strukturierung der Kette (in 10er- oder gar 5er-Abschnitten) unterstützt höchstens das Zählen in ganzen 10er-Schritten, eine schnelle Orientierung an der 50 (wie beim Rechenrahmen durch den Farbwechsel) ist nicht möglich. Insbesondere ist es niemandem möglich, sich 87 Perlen in einer Reihe vorzustellen. Die 17 Farbwechsel helfen beim Aufbau eines mentalen Bildes auch nicht. Im Gegensatz hierzu ist es beim Rechenrahmen möglich, sich 87 Punkte vorzustellen: 5 volle Reihen, dann Farbwechsel, nochmals 3 Reihen, einen Fünfer und 2 Punkte in einer anderen Farbe.

Unter diesen Gesichtspunkten kann der „neue" Inhalt, Zahlen zwischen Symbol und Bild oder Handlung auch über nichtzählende Verfahren zu übersetzen, an den Materialien Zahlenstrahl und Rechenrahmen gelingen. Da der Zahlenstrahl den ordinalen Zahlaspekt thematisiert, bietet es sich an, für die Thematisierung des *kardinalen* Zahlaspekts im Zahlenraum bis 100 den Rechenrahmen zu verwenden.

Die Thematisierung der Rechenstrategie *schrittweise über den Zehner* über nichtzählende Strategien ist an einigen Materialien möglich, wenn die Rechenstrategie als Handlung durchgeführt werden soll. Die Cuisenaire-Stäbe bieten sich hier nicht an, da an Vorkenntnisse von Kindern nicht gut angeknüpft werden kann: Der zu überschreitende Zehner ist ein willkürlicher Punkt; das Legen eines farbigen Stabs ermöglicht in der Regel keine Übersetzung in die benötigten Zahlen. Materialien wie Wendeplättchen, Rechenschiffchen oder -züge und Mehrsystemblöcke werden nicht eingesetzt, da an ihnen Zahlen > 5 zwingend *zählend* dargestellt werden müssen. Mehrsystemblöcke haben überdies den Nachteil, dass beim Subtrahieren zunächst eine Z-Stange entbündelt werden müsste. Dieser Vorgang tritt zwar beim Schriftlichen Subtrahieren mit Abziehen und Entbündeln auf, nicht aber beim schrittweisen Rechnen im Kopf. Die Handlung entspricht somit nicht der angestrebten Kopfrechenstrategie.

Tab. 5.5: Auswahl von Material zum nichtzählenden schrittweisen Rechnen über den Zehner

Material	Vorkenntnisse	Handlung = Strategie	Handlung im Kopf
Steckwürfel	Ja	Nein	
Finger	Ja	Nein (nur bis 10)	
Rechenschiffchen	Ja	Nein	
Rechenzüge	Ja	Nein	
Wendeplättchen	Ja	Nein	
Cuisenaire-Stäbe	Nein		
Rechenrahmen	Ja	Ja	Ja
Rechenketten	Ja	Nein	
Mehrsystemblöcke	Ja	Nein	

Ein Material, an dem die Handlung *zunächst zum nächsten Zehner, dann weiter* der Rechenstrategie entspricht, ist der Rechenrahmen. Hier ist der volle Zehner als Grenze vorgegeben und, wie oben geschildert, ist eine nichtzählende Zahldarstellung und -auffassung möglich. Darüber hinaus ist die Durchführung der Handlung am Rechenrahmen ebenfalls in der Vorstellung möglich: Um 43 – 7 zu berechnen, kann man sich zunächst ein Bild der 43 vor das „geistige Auge" holen: vier volle Reihen und drei Perlen. Anschließend werden die 3 einzelnen Perlen entfernt, das Zwischenergebnis ist 40. Schließlich werden von der nächsthöheren Zeile die restlichen vier Perlen weggeschoben: Es bleiben drei ganze Reihen und 6 Perlen, also 36 (vgl. Kap. 4.4).

Selbstverständlich können nicht alle mathematischen Inhalte der Primarstufe am Rechenrahmen thematisiert werden. Schon der Einsatz von Zehneranalogien bei Aufgaben des Typs ZE ± Z können am Rechenrahmen nicht zufriedenstellend besprochen werden. Das wird im Folgenden am Beispiel der Aufgabe 56 – 30 aufgezeigt:
- Am Rechenrahmen wäre eine mögliche Handlung das schrittweise Wegschieben der 30 (56 – 6 = 50, 50 – 4 = 46, 46 – 6 = 40 usw.). Diese Handlung entspricht jedoch nicht der angestrebten Strategie der Analogiebildung (56 – 30 = 26, da 5 Z – 3 Z = 2 Z)
- Drei volle Zehnerreihen können zwar handelnd weggeschoben werden (beispielsweise die Perlen von 1 bis 30 oder die Perlen von 21 bis 50). Das entstandene Bild entspricht aber nicht mehr der Konvention (volle Zehner beginnen oben links, darunter die Einer). Problematisch ist auch, dass das Ergebnis nur bestimmt werden kann, wenn in Phase ① und ② gearbeitet wird – mental kann das Wegschieben und anschließende Ablesen des Ergebnisses nur erschwert durchgeführt werden (Phase ③ und ④).

Die Analogie kann jedoch gut an den Mehrsystemblöcken durchgeführt werden – sowohl konkret als auch im Kopf (vgl. Kapitel 4.5).

In diesem Abschnitt wurde aufgezeigt, dass es nicht „das gute" Material geben kann. Mehrsystemblöcke unterstützen nur schwer die Ablösung vom zählenden Rechnen, am Rechenrahmen können Analogien der Art ZE ± Z nicht als gedankliches Werkzeug entwickelt werden. Eine sorgfältige Auswahl des Materials in Bezug auf das angestrebte Lernziel ist daher unverzichtbar. Während die meisten Materialien als Lösungshilfe eingesetzt werden können, erfüllen nur sehr wenige die Funktion einer Lern- bzw. Kommunikationshilfe.

5.3 Besprechen von Material

Konventionen und Strukturen klären

Der Aufbau von Grundvorstellungen (Kapitel 4) kann durch sorgfältig ausgewähltes Material (Kapitel 5.2) nur dann unterstützt werden, wenn der Lernende das Material angemessen und zielführend nutzen kann. Hierzu müssen Konventionen vereinbart werden, wie das Material eingesetzt wird (vgl. Schulz/Wartha 2011).

STOPP – Aktivität!

Ist es egal, auf welcher Seite des Rechenrahmens die 12 Kugeln eingestellt sind? An welchem der beiden Darstellungen erkennen *Sie* die 12 besser? Geben Sie eine der beiden Einstellungen in Ihrer Klasse vor? Warum haben Sie sich gegen oder für eine bestimmte Art der Einstellung entschieden?

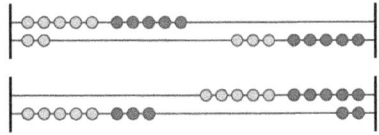

Abb. 5.1: 12 am Rechenrahmen

Konventionen sind dann sinnvoll, wenn mehrere Personen über einen gemeinsamen Sachverhalt reden möchten Dies gilt in besonderer Weise auch beim Einsatz von Material im Mathematikunterricht. Sind diese Konventionen nicht geklärt, kann es zu Missverständnissen kommen und der Lerninhalt kann unklar bleiben. Daher bietet sich die gemeinsame Thematisierung von Konventionen des Arbeitsmaterials im Unterricht an. Der Rechenrahmen ist ein Beispiel dafür, dass Konventionen vor der Arbeit mit diesem Material gemeinsam mit den Kindern besprochen werden sollten. Die Anordnung der Kugeln am Material spielt sowohl bei der Zahlauffassung als auch bei der Zahldarstellung eine große Rolle. In Analogie zum Schreiben und Lesen von Text von links nach rechts empfiehlt sich hierbei die Vereinbarung, Zahlen am *linken* Rand des Materials einzustellen. Eine spätere Übertragung auf die Positionen der Zahlen an den ordinalen Anschauungsmitteln Zahlenstrahl oder Rechenstrich wird nach dieser Konvention auch unterstützt: Die 2 ist weiter links als die 7.

Eine weitere Konvention für eine sichere und schnelle Zahlauffassung und -darstellung im Zahlenraum bis 100 ist das Auffüllen zu vollen Zehnerstangen.

Beim Hunderter-Rechenrahmen bedeutet dies also, dass Zahlen nach zwei Vereinbarungen eingestellt bzw. abgelesen werden:
(1) Zunächst ganze Zehner als volle Reihen, beginnend oben links
(2) darunter die Einer, ebenfalls links beginnend.

Wenn besprochene Regeln dieser Art nicht berücksichtigt werden, können sich beim Materialeinsatz bezüglich der Entwicklung von Grundvorstellungen Verständnisprobleme ergeben. Weitere *Begründungen* für diese Regeln finden sich beispielsweise bei Schipper (2009).

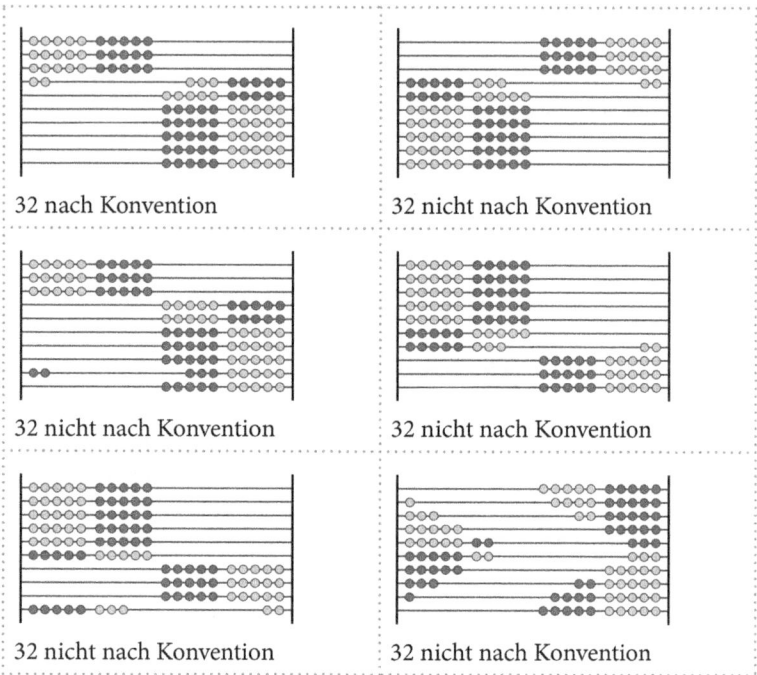

Abb. 5.2: 32 am Rechenrahmen

Entsprechende Konventionen bei Mehrsystemblöcken können sein, dass immer zuerst die Z-Stangen, danach die E-Würfel *rechts daneben* gelegt werden – um einerseits einen Zusammenhang zur Vorgehensweise am Rechenrahmen zu ermöglichen, andererseits die Schreibweise von Zahlen in der Reihenfolge erst Z, dann E zu unterstützen.

Handlungen am Material klären

Die Konventionen sind durch das Material selbst ebenso wenig vorgegeben wie eine angemessene Verwendung. So können am Rechenrahmen auch Zahlen im Zahlenraum bis 100 dargestellt werden, indem alle Einer einzeln geschoben werden. Die Tatsache, dass sich immer 10 Perlen auf einer Stange befinden, heißt noch nicht, dass Kinder diese Struktur von selbst nutzen. Das gilt auch für den Farbwechsel, insbesondere nach der 50. Obwohl der Farbwechsel gesehen wird, wird er für eine möglichst schnelle Darstellung und Auffassung der 53 häufig nicht genutzt und die fünf Zehnerreihen werden einzeln geschoben bzw. gezählt.

Das bedeutet, dass die Besprechung günstiger Strategien ein eigener Lerninhalt ist. Es genügt nicht, ein passendes Material für den (Förder-)unterricht auszuwählen, vielmehr sollen günstige und ungünstige Handlungen mit den Kindern ausführlich diskutiert werden.

Der Einsatz von Mehrsystemblöcken zur Thematisierung der Zehneranalogien wurde in Kapitel 4.5 beschrieben. Ein Interviewausschnitt mit Sabine (3. Klasse) soll aufzeigen, dass die Verwendung des Materials ohne Thematisierung besonders effektiver Handlungen nicht zwangsläufig zum Aufbau der Grundvorstellung führen muss:

Tab. 5.6: Sabine legt 38 mit Mehrsystemblöcken

1	I	Ich möchte jetzt gerne von dir die Zahl 38 sehen.	*Legt ungeordnet Z-Stangen und E-Würfel auf den Tisch.*	Interview
2	S	Mit denen oder mit denen?	*Deutet auf Z-Stangen und E-Würfel.*	
3	I	Du kannst hernehmen, was du willst.		
4	S		*Nimmt sofort 3 Z-Stangen und 8 E-Würfel.*	
5	I	Das sind 38?		
6	S	Ja.		
7	I	Was wäre denn: 38 + 20?		

STOPP – Aktivität!

Wie könnte Sabine die Aufgabe mit dem Material idealerweise lösen?
Fällt Ihnen auch eine ungünstige Bearbeitungsstrategie ein?
Nennen Sie drei verschiedene ungünstige Lösungsversuche und beschreiben Sie dabei einerseits das zugrundeliegende Problem und andererseits, wie Sie Sabine helfen würden.

Tab. 5.7: Sabine rechnet 38 + 20 (Fortsetzung)

Interview	8	S	(20 sec). Ich rechne 39, das ist einer mehr. Dann 40, 41, … 42, 43, 44, 45, das sind 10 mehr …	*Lässt das Material liegen und zählt versteckt an den Fingern.*
	9	I	Würde dir das Material hier auch helfen? Wenn du + 20 rechnest, was müsstest du tun?	
	10	S	Das sind dann 40, 41, 42, 43, (zählt in Einerschritten weiter) 57, 58, 59.	*Nimmt sofort 2 Z-Stangen dazu und nutzt diese als Zählhilfe.*

Sabine kann mit Mehrsystemblöcken Zahlen schnell und sicher darstellen (3). Sie weiß auch, dass die Operation + 20 dem Hinzufügen von zwei Z-Stangen entspricht. Allerdings nutzt sie dieses Wissen nicht, um zu erkennen, dass das Ergebnis bereits auf dem Tisch dargestellt ist. Sabine nutzt das Material als Zählhilfe, um von der 38 in Einerschritten weiterzuzählen. Hierbei unterläuft ihr ein Zählfehler, sie gibt als Ergebnis 59 an. Erst eine kurze Klärung, dass durch das Hinzufügen von zwei Z-Stangen das Ergebnis direkt abgelesen werden kann, ermöglicht ihr die nötigen Entdeckungen der Nutzung von Analogien. Erst auf diese Weise erkennt Sabine, dass es andere Lösungsstrategien als Zählen gibt und vor allem, dass das nichtzählende Vorgehen ein deutlich schnelleres und sichereres Verfahren ist.

Fehlerhafte Materialhandlungen klären

Eine Besprechung von Material ist auch dann nötig, wenn Fehler am Material geschehen. Es gibt materialunabhängige Fehler (Zählfehler, Zahlendreher, …) und Fehler, die durch das Material selbst entstehen können. Zur Illustration eines solchen materialabhängigen Fehlers soll folgender Ausschnitt aus der Förderung von Niklas dienen:

Tab. 5.8: Niklas stellt die 36 am Rechenrahmen ein

1	I	Und stell du mir mal die 36 ein.		Interview
2	N		Schiebt zwei volle Stangen am 100er-Rechenrahmen und darunter sechs Kugeln:	
3	I	(erstaunt und ungläubig) Das ist die 36??		

STOPP – Aktivität!

Versuchen Sie Niklas Zahldarstellung zu erklären. Warum glaubt Niklas, dies sei eine 36?
Wie bewerten Sie die Reaktion des Förderers auf die von Niklas eingestellte „36"?
Wie würden Sie reagieren, wenn ihr Schüler Niklas die 36 wie gezeigt darstellt?

Tab. 5.9: Niklas erklärt seine Zahldarstellung

4	N	Nein ...	Greift erneut zum Rechenrahmen.	Interview
5	N	Ja, doch: Zehn,	Tippt auf die oberste Stange.	
6	N	zwanzig,	Tippt auf die zweite Stange.	
7	N	dreißig,	Tippt auf die dritte Stange.	
8	N	sechsunddreißig.	Fährt mit dem Finger über die sechs Kugeln auf der dritten Stange.	

STOPP – Aktivität!

Wie reagieren Sie auf Niklas' Erklärung?
Nennen Sie wenigstens zwei Interventionen.

Der Fehler, der Niklas an dieser Stelle unterläuft, ist am Rechenrahmen nicht selten zu beobachten. Eine mögliche Begründung ist, dass hier ordi-

Besprechen von Material

nale und kardinale Zahlvorstellungen vermischt werden: 36 werden als sechs Kugeln (kardinal) in der dritten Reihe (ordinal) interpretiert.

Es gibt verschiedene und auch viele sinnvolle Möglichkeiten, auf die Zahldarstellung von Niklas einzugehen, z. B. die nochmalige Thematisierung der vollen Zehnerstangen (Stell mir mal 30 Perlen ein) oder den schrittweisen Aufbau der Zahl am Material (Stell nochmal 36 Perlen ein, langsam Stange für Stange, damit ich dir folgen kann). Zentral ist die Fokussierung auf die Anzahl der Perlen (kardinaler Aspekt), nicht auf deren *Position* (ordinaler Aspekt). Eine denkbar ungünstige Strategie wäre es, Niklas die geschobenen Perlen *nachzählen* zu lassen: Die zählende Zahldarstellung hat Niklas, wie gezeigt, schon überwunden und er sollte nicht auf diese Strategie „zurückbefohlen" werden. Eine weitere mögliche Intervention ist die folgende:

Tab. 5.10: Niklas berichtigt sich

Interview	9	I	Und wie sähe dann die sechsundzwanzig aus?	
	10	N		Schiebt in einem Zug die sechs Kugeln auf der dritten Stange und vier auf der zweiten Stange nach rechts.
	11	I	Und die sechzehn?	
	12	N		Schiebt nach gleichem Muster erneut zehn Kugeln auf einmal nach rechts.
	13	N		Betrachtet den Rechenrahmen intensiv.

14	N	Ach, ... jetzt weiß ich, was du meintest.	
15	I	Ja? Schieb' nochmal die ...	
16	N	sechsunddreißig	
17	N		Schiebt so, dass insgesamt vier Stangen auf der linken Seite sind, und dann in der vierten Reihe wieder vier Kugeln nach rechts.
18	I	(erwartungsfroh) So, was ist das jetzt?	
19	N		Tippt mehrmals wortlos die vier oberen Reihen an, von oben nach unten. Dann schaut er 10 Sekunden lang auf den Rechenrahmen ohne etwas zu sagen.
20	N	Sechsunddreißig.	
21	I	(sehr erleichtert) Genau!	

Ob diese Intervention Niklas langfristig geholfen hat, Zahlen am Rechenrahmen korrekt einzustellen und abzulesen, kann an diesem kurzen Ausschnitt nicht geklärt werden. Jedoch liegt die Vermutung nahe, dass er nur kurzfristig eine Regel befolgt: „Ich muss einen Zehner mehr einstellen, als ich denke, oder einen Zehner weniger sagen, als ich sehe". Ganz sicher wäre es hilfreich gewesen, sein Ergebnis nicht einfach zu akzeptieren, sondern erneut zu fragen, warum dies seiner Meinung nach die 36 sei.

Das bedeutet, dass die Verwendung der eingesetzten Materialien selbst auch ein Gegenstand von Diagnose und (Förder-) Unterricht sein soll. Auch hierbei ist vor allem die Beobachtung der Lösungs*prozesse* wichtig – an richtigen oder falschen Ergebnissen kann die dahinter verborgene Materialhandlung meist nicht mehr nachvollzogen werden.

Im Gespräch mit dem oder den Lernenden können auch typische Fehler (wie bei Niklas) besprochen werden, die von den Kindern (noch) nicht gemacht wurden. Ein Einstieg könnte die Schilderung dieser Situation sein. Der Lehrer berichtet, dass er einen Schüler mit Namen Niklas kennt, der für die 36 Folgendes am Rechenrahmen einstellt (2 volle Reihen und 6 in der 3. Reihe werden gezeigt). In einer Rechenkonferenz kann nicht nur diskutiert werden, was sich Niklas wohl gedacht hat, sondern auch, wie er seinen Fehler beheben kann. Insbesondere der Fokus auf Metastrategien kann die Kinder gegen eben diese Fehler „abhärten." Ein Schüler aus der zweiten Klasse des Erstautors gab den bemerkenswerten Ratschlag, „man solle die Zehnerreihen immer dort zählen, wo sie voll sind (also rechts), nicht da, wo sie anfangen."

Eine weitere Konsequenz ist, dass im Unterricht möglichst wenige, dafür besonders tragfähige Materialien eingesetzt werden sollten. Jedes Material muss ausführlich thematisiert werden und birgt zahlreiche zusätzliche Lernhürden in sich. Andererseits können der Aufbau und die Vernetzung von Grundvorstellungen ohne geeignete Materialien nur sehr schwer gelingen (vgl. SCHIPPER 2009). Ein Motto könnte lauten: So wenig *verschiedene* Materialien wie nötig einsetzen, diese dafür so gründlich wie möglich diskutieren und auf diese Weise den Ausbau von Grundvorstellungen unterstützen.

Zusammenfassung und Ausblick

Die grundsätzliche Idee zum Aufbau von Grundvorstellungen zu Zahlen, Operationen und Strategien ist die Unterstützung der Verinnerlichung von Handlungen bzw. Bildern (die dem mathematischen Inhalt entsprechen) an einem geeigneten Material. Ziel sollte sein, aus konkreten Handlungen bzw. Modellen zunehmend gedankliche Werkzeuge zu entwickeln. Wie dies gelingen kann, wurde anhand des Vierphasenmodells vorgeschlagen. Dieses Konzept kann bei allen Kindern Anwendung finden, insbesondere jedoch bei solchen, die besonders große Schwierigkeiten beim Lernen von Mathematik haben. Der Unterschied zu Kindern mit besonderen Begabungen (die oftmals ohne Unterstützung aus einer Situation sofort ein flexibles mentales Modell entwickeln) ist, dass insbesondere die Phasen ② und ③ besonders intensiv thematisiert und verknüpft werden. Hier wird weder ausschließlich symbolisch noch konkret am Material gearbeitet, es ist vielmehr eine enge Verknüpfung beider Darstellungsebenen gefordert.

Bei besonders großen Schwierigkeiten beim Lernen von Mathematik sind die drei Hauptsymptome im Zentrum von Diagnose- und Förderarbeit:
(1) Verfestigtes zählendes Rechnen
(2) Unzureichendes Stellenwertverständnis
(3) Grundvorstellungsdefizite

Diese drei Hauptsymptome stehen in enger Beziehung zueinander und bilden drei Beobachtungsschwerpunkte bei der Analyse von Bearbeitungswegen zu Rechenaufgaben. Insbesondere können die Prozesse Aufschluss über die Art der Schwierigkeiten und somit die Entwicklung von Fördermaßnahmen geben. Aus diesem Grund ist eine kompetenz- und prozessorientierte Diagnose sowohl im Förder- als auch im Regelunterricht sinnvoll und zielführend. Hierbei richtet sich Diagnose und Förderung nach den mathematischen Problemen (in der Regel die Aufarbeitung der 3 Hauptsymptome), nicht nach dem Alter der Kinder. In zahlreichen Kooperationsprojekten mit Schulen bringen die Lehrkräfte immer wieder zum Ausdruck, dass Schwierigkeiten mit den Unterrichtsinhalten der ersten und zweiten Jahrgangsstufe auch in weiterführenden Schulen zum Ende der Sekundarstufe I beobachtet werden. Auch die Förderarbeit mit Frau Westphal, die nach den oben geschilderten Grundsätzen aufgebaut war, konnte rasche Erfolge zeitigen: Bereits nach 12 Förderstunden konnte sie die auswendig gewussten

Aufgaben zur Lösung anderer Aufgaben einsetzen. Aufgaben im Zahlenraum bis 20 löst sie daher über Faktenabruf oder die Nutzung einer Hilfs- (i. d. R. Nachbar-) aufgabe. Im Zahlenraum bis 100 nutzt sie Einer- und Zehneranalogien und löst alle Additions- und Subtraktionsaufgaben über die Strategie des schrittweisen Rechnens. Auch wenn Frau Westphal noch weit davon entfernt ist, Rechenstrategien flexibel einzusetzen, so ist sie nicht mehr gezwungen, Aufgaben zählend oder schriftlich rechnend zu lösen. Der Aufbau von Grundvorstellungen zu Zahlen und Strategien hat zur Folge, dass sie in Alltagssituationen die Größenordnung von Ergebnissen im Zahlenraum bis 100 sehr gut einschätzen kann.

Diese Fördererfolge machen zuversichtlich für die weitere Arbeit – mit betroffenen Kindern aber auch im Regelunterricht. Wir würden uns freuen, wenn wir hierzu einige Anregungen geben können.

Anhang: Diagnoseleitfaden

Die folgenden Vorschläge zur Diagnose sind sehr eng angelehnt an die Erstdiagnosen, die in den Beratungsstellen für Kinder mit Rechenstörungen in Bielefeld und Karlsruhe durchgeführt werden (vgl. auch SCHIPPER 2009 und SCHIPPER, WARTHA VON SCHROEDERS 2011). Der Diagnoseleitfaden ist unterteilt in einzelne Inhaltsbereiche. Die hier dargestellte Reihenfolge der Inhalte ist jedoch nicht zwingend. Im Regelunterricht können immer wieder Sequenzen der folgenden Überprüfung eingeschoben werden, z. B. in Einzel- oder Wochenplanarbeitsphasen. Wenn im Rahmen eines längeren Diagnosegesprächs alle Inhaltsbereiche besprochen werden sollen, dauert dies erfahrungsgemäß eine Stunde.

Zu jedem Inhaltsbereich gibt es verschiedene Beobachtungsschwerpunkte. Diese Beobachtungsschwerpunkte orientieren sich an den zentralen Hürden beim Lernen des Rechens:
1. Zählendes Rechnen,
2. Stellenwertverständnis und
3. Grundvorstellungen.

Und es gibt jeweils ein oder mehrere Beispiele mit konkreten Zahlen. Die Zahlen in den Beispielen sind selbstverständlich nur Vorschläge. Zu beachten ist bei der Wahl einer anderen Aufgabenstellung allerdings, ob bei anderen Zahlen die entsprechenden Beobachtungen auch gemacht werden können.

Anregungen für entsprechende Fördermaßnahmen zu den Inhaltsbereichen und Beobachtungsschwerpunkten sind in Kapitel 4 „Aufbau von Grundvorstellungen" diskutiert.

In den Tabellen werden folgende Abkürzungen verwendet:
- MSB: Zehnermaterial (Z-Stangen, E-Würfel) der Mehrsystemblöcke
- RR: Hunderter-Rechenrahmen mit 5er- und 50er-Struktur.

Inhalt	Vorwärtszählen Vorwärtszählen ab einer Zahl
Beispiel:	Zähle, bis ich stopp sage. Zähle ab 54 weiter.
Beobachtungsschwerpunkte	
Zählendes Rechnen	Kann das Kind sicher zählen, wendet es die Zählprinzipien an?
Stellenwertverständnis	Zählt das Kind flüssig über Zehnerübergänge und Schnapszahlen oder macht es hier Fehler / lässt es Zahlen aus? Beginnt es bei der genannten Zahl, oder bei dem entsprechenden Zahlendreher?
Grundvorstellungen	Kann das Kind weiterzählen, wenn ihm eine Zahl am Rechenrahmen dargestellt wird?

Inhalt	Vorwärtszählen in Zehnerschritten Vorwärtszählen in Zehnerschritten ab einer Zahl
Beispiel:	*Ordinaler Aspekt:* Zähle ab der 10 in Zehnerschritten. Zähle in Zehnerschritten ab 45. *Kardinaler Aspekt:* Immer 10 dazu. Du hast 45 und legst immer 10 dazu.
Beobachtungsschwerpunkte	
Zählendes Rechnen	Werden die richtigen Zahlwörter genannt? Gelingt das automatisierte Zählen „im Stellenwertsystem" oder muss das Kind + 10 in Einerschritten zählen?
Stellenwertverständnis	Gelingt das automatisierte Zählen „im Stellenwertsystem" oder muss das Kind + 10 in Einerschritten zählen? Treten Zahlendreher auf (zu Beginn oder während des Zählprozesses)? Kann das Kind über 100 hinaus auch sicher in Schritten zählen?
Grundvorstellungen	Kommt das Kind mit beiden Formulierungen zurecht oder nur mit dem kardinalen Aspekt (dem ordinalen)? Erkennt es die Äquivalenz der Fragestellungen? Kann der Zählprozess durchgeführt werden, wenn die Startzahl mit Material gezeigt wird?

Inhalt	Rückwärtszählen
Beispiel:	Zähle rückwärts ab 17 (ab 78).
	Beobachtungsschwerpunkte
Zählendes Rechnen	Zählt das Kind flüssig (auswendig) oder muss es Teile der Zahlwortreihe zunächst vorwärts vorsagen? Beginnt es bei der genannten Zahl oder bei dem entsprechenden Zahlendreher?
Stellenwertverständnis	Wie zählt das Kind über Schnapszahlen und ganze Zehner? Häufiger Fehler z. B.: 63 – 62 – 61 – 50 – 59 – 58 …
Grundvorstellungen	Gelingt das Rückwärtszählen, wenn die Startzahl am Rechenrahmen/an den MSB/am Zahlenstrahl dargestellt wird?

Inhalt	Rückwärtszählen in Zehnerschritten Rückwärtszählen in Zehnerschritten ab einer Zahl
Beispiel:	*Ordinal:* Zähle rückwärts in Zehnerschritten ab 90 (ab 87). *Kardinal:* Du hast 87. Welche Zahl hast du, wenn du 10 wegnimmst?
	Beobachtungsschwerpunkte
Zählendes Rechnen	Werden die richtigen Zahlwörter genannt? Gelingt das automatisierte Zählen „im Stellenwertsystem" oder muss das Kind +10 in Einerschritten zählen?
Stellenwertverständnis	Nutzt das Kind das Stellenwertsystem oder zählt es in Einerschritten rückwärts? Treten Zahlendreher auf (zu Beginn oder während des Zählprozesses)?
Grundvorstellungen	Gelingt das Rückwärtszählen in Schritten, wenn die Startzahl am Material (MSB) dargestellt wird? Kennt das Kind, wie die entsprechende Handlung (Z-Stange wegnehmen)?

Inhalt	Zahlen schreiben
Beispiel:	Ich diktiere dir Zahlen und du schreibst sie auf. Ich diktiere dir Zahlen und du tippst sie in den Taschenrechner ein. Versuche, immer zuerst den Zehner aufzuschreiben. Zahlen: 76, 88, 56, 71, 40, 16
	Beobachtungsschwerpunkte
Stellenwertverständnis	Schreibt das Kind invers (erst Einerziffer, dann Zehnerziffer davor)? Schreibt das Kind (alle) Zahlen invers (auch ganze Zehner und Zahlen unter 20)? Treten Zahlendreher auf? Treten Zahlendreher gehäuft auf, wenn das Kind aufgefordert wird, nicht invers zu schreiben? Erkennt es seine Fehler?

Inhalt	Zahlen vergleichen
Beispiel:	(Mündlich!) Welche Zahl ist größer: 74 oder 56? Warum?
	Beobachtungsschwerpunkte
Stellenwertverständnis	Treten Zahlendreher auf (47 < 65)? Begründet das Kind die Lösung mit den Stellenwerten?
Grundvorstellungen	Kann das Kind die entsprechenden Mengen vergleichen z. B. am Rechenrahmen oder an den MSB?

Inhalt	Nachbarzahlen
Beispiel:	*Ordinal:* Wie heißt der Vorgänger (Nachfolger) von: 60, 71, 45, 89, 66, 76 *Kardinal:* Wie heißt die Zahl, wenn du von 27 eins wegnimmst/dazutust?
	Beobachtungsschwerpunkte
Zählendes Rechnen	Werden die richtigen Zahlwörter als Nachbarzahlen genannt?
Stellenwertverständnis	Gibt es die gesuchten Nachbarzahlen zur genannten Zahl oder zum entsprechenden Zahlendreher an? Nennt es den Vorgänger bzw. Nachfolger oder den entsprechenden Zahlendreher? Gelingen Nachbarzahlen von ganzen Zehnern? Häufiger Fehler z. B.: Vorgänger von 71 ist 60?
Grundvorstellungen	Kann das Kind die Begriffe Vorgänger und Nachfolger richtig zuordnen? Gelingt die Lösung der Aufgabe, wenn nicht der ordinale, sondern der kardinale Aspekt angesprochen wird? Gelingt die Lösung am (vorgestellten) Material? („Stell dir mal die 45 am Rechenrahmen vor. Wie heißt die Zahl, wenn ich eine Kugel wegschiebe?")

Inhalt	Materialkenntnis Mehrsystemblöcke
Beispiel:	Kennst du dies Material? Wie nennst du das Material? Wie viele von den kleinen Würfeln brauchst du, um eine Stange zusammenzubauen?
	Beobachtungsschwerpunkte
Zählendes Rechnen	Zählt das Kind die 10 E-Würfel der Z-Stange einzeln nach oder kennt es den Zusammenhang oder „misst" es die Stange mit E-Würfel aus?
Stellenwertverständnis	Kennt das Kind die Konventionen (1 Z-Stange = 10 E-Würfel). Ist das Prinzip des Bündelns und Entbündelns klar?
Grundvorstellungen	Können Z-Stangen und E-Würfel eindeutig zu den Zahlwörtern zugeordnet werden (d. h., kann erfolgreich übersetzt werden?).

Inhalt	Zahlen und Operationen an MSB darstellen
Beispiel:	*Phase* ①: Lege die 14. Lege die 25. Lege die 53. Lege bitte immer erst die Z-Stangen links und dann die E-Würfel rechts daneben. (Falls Unsicherheiten bei der Rechts-Links-Unterscheidung zu erwarten sind, auf die entsprechenden Seiten vor dem Kind weisen.) Lege eine 76. Warum ist das 76? Kannst du aus der 76 eine 74 machen? Was müsstest du tun, um eine 64 zu bekommen? *Phase* ②: Ich möchte die 86 legen. Was brauche ich? *Phase* ③: Ich möchte hinter dem Sichtschirm die 56 legen. Was brauche ich? Welche Zahl habe ich, wenn ich von der 56 eine Zehnerstange wegnehme? *Phase* ④: Stell dir vor, du möchtest 67 legen. Wie gehst du vor? Stell dir vor, jetzt nimmst du eine Z-Stange weg. Welche Zahl hast du jetzt?
	Beobachtungsschwerpunkte
Zählendes Rechnen	*Hinweis:* Das Kind wird an diesem Material möglicherweise die Zahlen immer zählend darstellen (oder zumindest zählend kontrollieren). Das ist *kein* Hinweis auf zählendes Rechnen, da auch nichtzählende Rechner hierbei „zum Zählen gezwungen" werden. Das Material hat keine Struktur, die das schnelle Bestimmen von Mengen größer 5 erleichtern würde.
Stellenwertverständnis	Treten Zahlendreher auf? Ist das Kind sicher bei der Unterscheidung von Zehnern und Einern ohne Sicht auf das Material? Wie legt das Kind das Material vor? Thematisierung der Konvention. Legt es jede Zahl neu oder verändert es die bereits liegenden Zahlen entsprechend? Kann das Kind die Konventionen (erst Z-Stangen, dann E-Würfel) einhalten?
Grundvorstellungen	Gelingt die Übersetzung sicher – bei allen Zahlen oder nur bei Zehnerzahlen und Schnapszahlen? Bis in welche Phase ist das Kind sicher beim Übersetzen?

Inhalt	Aufgaben an den MSB darstellen
Beispiel:	*Phase* ①: Kannst du die Aufgabe 23 + 20 mit diesem Material lösen? *Phase* ②: Diktier mir, was ich machen muss, um die Aufgabe 35 – 10 zu lösen. *Phase* ③: Was muss ich hinter dem Sichtschirm machen, um die Aufgabe 14 + 30 zu legen? Was ist das Ergebnis? *Phase* ④: Was müsstest du legen, um die Aufgabe 56 – 30 mit dem Material zu lösen? Wie lautet das Ergebnis?
	Beobachtungsschwerpunkte
Zählendes Rechnen	Zählt das Kind in der dritten und vierten Phase, oder nutzt es die Analogien von bereits auswendig gewussten Aufgaben? Zählt das Kind in Einerschritten, sobald es keine Sicht mehr auf das Material hat?
Stellenwertverständnis	Treten vermehrt Zahlendreher auf, sobald die Anforderungen steigen (in Form von Rechenausdrücken oder bei verdeckter Sicht)?
Grundvorstellungen	Kann das Kind die Rechenaufgaben in die Materialhandlung übersetzen? Wird die Operation + 10 mit dem Hinzufügen einer Z-Stange identifiziert? Entsprechend – 10 mit dem Wegnehmen?

Inhalt	Zehnerschritte an MSB
Beispiel:	Wie heißt die Zahl, die hier liegt (5 Z-Stangen, 4 E-Würfel)? Ich lege nun immer eine Stange dazu. Welche Zahlen bekomme ich? (*Phase* ③ und ④ entsprechend hinter dem Sichtschirm bzw. in der Vorstellung.)
	Beobachtungsschwerpunkte
Zählendes Rechnen	Zählt das Kind die 10 in Einerschritten ab?
Stellenwertverständnis	Treten beim Zahlendarstellen und -auffassen Zahlendreher auf? Wird im Stellenwertsystem richtig gezählt, d. h., wird die Veränderungen im Zehner und nicht im Einer vorgenommen?
Grundvorstellungen	Kann das entsprechende Zahlwort mit und ohne Sicht auf das Material genannt werden?

Inhalt	Materialkenntnis Rechenrahmen (Strukturierter Rechenrahmen vgl. Kap. 5)
Beispiel:	Kennst du dieses Material? Wie viele Perlen sind zu sehen? Wie kannst du das überprüfen? Wie viele rote Perlen sind es? Wie viele weiße? Wie viele Perlen sind auf einer Stange?
	Beobachtungsschwerpunkte
Zählendes Rechnen	Nutzt das Kind operative Strategien, um die gefragten Anzahlen zu bestimmen (Verdoppeln, Halbieren) oder sind Zählprozesse zu beobachten? Zählt das Kind in Schritten (5er-Schritte oder 10er-Schritte)?
Stellenwertverständnis	Nutzt das Kind dezimale Strukturen? Wie bestimmt es die 100 Perlen: in 10er-Schritten oder einzeln? Werden mehrere Zehner zusammengefasst, z. B. bei der 50 verdoppelt?
Grundvorstellungen	Entsprechen die gezeigten Perlen den genannten Zahlen?

Inhalt	Zahlen am RR auffassen
Beispiel:	Welche Zahl ist hier eingestellt (7; 18; 42; 60; 98)? Warum ist das die Zahl? Falls die Farbstrukturen nicht genutzt werden: Nicht alle Kugeln haben die gleiche Farbe. Kannst du dir denken, warum das so ist?
	Beobachtungsschwerpunkte
Zählendes Rechnen	Welche Anzahlen kann das Kind nichtzählend bestimmen? Welche Strukturen kennt und nutzt es, welche nicht?
Stellenwertverständnis	Treten Zahlendreher auf? Nutzt das Kind die 10er-Struktur?
Grundvorstellungen	Gelingt die Übersetzung zwischen Menge und Zahlwort?

Inhalt	Zahlen am RR darstellen
Beispiel:	*Phase* ①: Stelle bitte 8 (26, 54; 78; 99) ein. *Phase* ②: Was muss ich tun, um die 28 (42, 60, 96) einzustellen? *Phase* ③ und ④ entsprechend.
	Beobachtungsschwerpunkte
Zählendes Rechnen	Werden die Perlen einzeln geschoben oder nutzt das Kind die Strukturen? Welche Struktur (5er, 10er, 50er) wird sicher genutzt?
Stellenwertverständnis	Macht das Kind Zahlendreher? Nutzt es die dezimale Struktur, indem es Zehner als ganze Reihe schiebt, oder wird jede Perle einzeln geschoben?
Grundvorstellungen	Kennt das Kind die Konventionen am Material? Werden den Zahlwörtern richtige Mengen zugeordnet? Treten Interferenzen zwischen kardinaler und ordinaler Grundvorstellung zu Zahlen auf? (z. B. 36 wird als 26 eingestellt: 6 Perlen im dritten Zehner)

Inhalt	Schnelles Sehen (quasisimultane Zahlauffassung)
Beispiel:	Ich stelle eine Zahl ein und zeige sie dir nur ganz kurz. Wie heißt die Zahl? Warum? Beschreibe, was du gesehen hast. Wobei bist du dir sicher? Waren es mehr oder weniger als 50? (6, 23, 51, 98, 78)
	Beobachtungsschwerpunkte
Zählendes Rechnen	Welche Strukturen werden sicher nichtzählend genutzt? In welchem Zahlenraum ist das Kind sicher?
Stellenwertverständnis	Treten Zahlendreher auf? Nutzt das Kind die Zehnerstruktur am Rechenrahmen?
Grundvorstellungen	Gelingen die Übersetzungsprozesse zwischen der gesehenen Menge und dem zugehörigen Zahlwort? Kann die gesehene Menge aus dem Kopf rekonstruiert werden?

Inhalt	Zählen am RR
Beispiel:	*Phase* ②: Wie stelle ich eine 71 ein? Welche Zahl erhalte ich, wenn ich 1 Perle wegschiebe? Noch eine, … *Phase* ③ und ④ entsprechend hinter dem Sichtschirm/in der Vorstellung.
	Beobachtungsschwerpunkte
Zählendes Rechnen	Wird die Zahlwortreihe richtig beherrscht und immer eine Zahl einer Perle zugeordnet?
Stellenwertverständnis	Treten Zahlendreher auf? Kann das Kind die Zahlwörter bei Zehnerübergängen sicher zuordnen?
Grundvorstellungen	Kann das Kind die Zahlwörter sicher den entsprechenden Mengen zuordnen?

Inhalt	ZE ± E am RR
Beispiel:	*Phase* ①: Kannst du mit dem Rechenrahmen die Aufgabe 43 − 8 rechnen? Rechne bitte die Aufgabe 13 + 4 am Rechenrahmen. *Phase* ②: Was muss ich schieben, um die Aufgabe 56 + 7 zu lösen? Was kommt raus? Wie muss ich 27 − 4 schieben? *Phase* ③ und ④ entsprechend.
	Beobachtungsschwerpunkte
Zählendes Rechnen	Wie stellt das Kind die 43 ein? Über Zählprozesse oder Strukturnutzung? Wie werden die 8 abgezogen? Zählend oder simultan? Insbesondere die fehlenden 5 ab der 40. (Bei den anderen Aufgaben analog.) Gibt es Unterschiede bei der Lösung von Aufgaben mit und ohne Zehnerübergang?
Stellenwertverständnis	Treten Zahlendreher auf? Kann das Kind den vollen Zehner sicher benennen (40)?
Grundvorstellungen	Werden die Zahlen richtig übersetzt? Wird die Operation richtig übersetzt (Hinzufügen bei +, Wegnehmen bei −)? Werden die Konventionen eingehalten? Werden Aufgaben ohne Zehnerübergang in *Phase* ③ und ④ schneller und sicherer gelöst als solche mit Übergang?

Inhalt	Zahlzerlegung der 10
Beispiel:	*Phase ④:* Zusammen immer 10. Ich sage eine Zahl, du die Zahl, die bis 10 fehlt: 4, …, 7, …, 3, … (Hier ggf. die im Unterricht geläufige Bezeichnung nutzen: z.B. Zehnerfreunde oder verliebte Zahlen) *Phase ①:* Leg deine Finger auf den Tisch. Ich lege den Stift dazwischen und du sagst mir, wie viele links und wie viele rechts vom Stift sind. *Phase ②:* Lass die Hände liegen, ich sage die erste Zahl, du stellst dir den Stift vor und sagst mit die andere Zahl. *Phase ③:* Die Hände mit einem Papier zudecken und wie bei *Phase ②*.
	Beobachtungsschwerpunkte
Zählendes Rechnen	Werden die Zerlegungen zählend bestimmt oder kann sie das Kind auswendig abrufen? Treten bereits nichtzählende Teilschritte auf (Nutzung der 5)? Falls zählen: Zählt das Kind richtig oder treten Zählfehler auf?
Grundvorstellungen	Werden die Fingerbilder den richtigen Zahlwörtern zugeordnet?

Inhalt	Zahlzerlegung der 9
Beispiel:	Ich sage eine Zahl, du den Neunerfreund. Das ist die Zahl, die bis 9 fehlt. 2, …, 8, … , 4, …
	Beobachtungsschwerpunkte
Zählendes Rechnen	Welche Zerlegungen werden zählend bestimmt? Nutzt das Kind die Kommutativität (7 + ?, dann 2 + ?)
Grundvorstellungen	Können die Aufgaben am Material gelöst werden? Entspricht die Materialhandlung der Strategie (z. B. Weiterzählen)?

Inhalt	Kleines 1 ± 1
Beispiel:	2 + 7, 9 – 7, 10 – 3, 10 – 7, 3 + 6
	Beobachtungsschwerpunkte
Zählendes Rechnen	Welche Aufgaben weiß das Kind auswendig, bei welchen muss es zählen? Hat das Aufgabenformat Einfluss auf den Bearbeitungsweg – kann das Kind z.B. die Zehnerergänzung zur 7 auswendig nennen, aber muss es 10 – 7 zählend bestimmen? Nutzt das Kind bereits erste Strategien bzw. Rechenvorteile (z. B. Tauschaufgaben)?
Grundvorstellungen	Kann die Operation + und – ggf. am Material in passende Handlungen übersetzt werden? Mit welchen Strategien werden die Aufgaben, die das Kind zählend löst, am Rechenrahmen bearbeitet? Entspricht die Handlung am Rechenrahmen der Strategie?

Inhalt	Rechnen im Zahlenraum bis 20
Beispiel:	6 + 8, 14 – 6
	Beobachtungsschwerpunkte
Zählendes Rechnen	Nutzt das Kind Zählstrategien (welche?, richtige?) oder nichtzählende operative Strategien (welche?)?
Grundvorstellungen	Kann das Kind die Aufgaben am Material bearbeiten? Entspricht die Materialhandlung der Strategie?

Inhalt	Verdopplungsaufgaben im ZR bis 20
Beispiel:	Was ist das Doppelte von 3, 4, 8?
	Beobachtungsschwerpunkte
Zählendes Rechnen	Welche Aufgaben weiß das Kind auswendig, welche bearbeitet es über Zählprozesse?
Grundvorstellungen	Ist die Bedeutung des Begriffs „Verdoppeln" klar?

Inhalt	Umkehraufgaben
Beispiel:	Ich denke mir eine Zahl, rechne + 6 und erhalte 10. Wie heißt die Zahl?
	Beobachtungsschwerpunkte
Zählendes Rechnen	Wird die Aufgabe über Faktenabruf gelöst oder zählt das Kind?
Grundvorstellungen	Nutzt das Kind die Subtraktion als Gegenoperation der Addition? Kann die Situation mit Plättchen gelöst werden? Kann sie nun in einen Rechenausdruck übersetzt werden?

Inhalt	Rechnen im Zahlenraum bis 100
Beispiel:	Mündlich stellen, ggf. notieren lassen. 52 + 8 47 − 20 76 + 9 63 − 59 51 − 49 46 + 28
	Beobachtungsschwerpunkte
Zählendes Rechnen	Werden Teilschritte zählend bearbeitet?
Stellenwertverständnis	Kommen bei der Berechnung falsche Ziffernstrategien zum Einsatz, die die Stellenwerte nicht berücksichtigen? z. B.: 51 − 49 erst 5 − 1 und dann 9 − 4, Ergebnis also 45. Werden Analogien genutzt (47 − 20 = 27, da 4 Z − 2 Z = 2 Z)?
Grundvorstellungen	Aktiviert das Kind eine Grundvorstellung zur Subtraktion als Ergänzen (51 − 49)? Kann der Rechenweg veranschaulicht werden (MSB oder Zahlenstrahl)? Entspricht die Veranschaulichung dem Rechenweg? Nutzt das Kind ein Material (Finger, RR, MSB)?

Inhalt	Rechengeschichten zur Subtraktion
Beispiel:	*Vergleichen* Verena hat 17 Tiere, Anne hat 8. Wie viele hat Verena mehr? Kannst du daraus eine Rechenaufgabe machen? *Ergänzen* Daniel hat 2 Sticker, seine Schwester hat 13. Wie viele braucht er noch, damit er genauso viele hat wie sie? *Wegnehmen* Johannes hat 22 Karten gesammelt. 19 verliert er. Wie viele hat er noch?
	Beobachtungsschwerpunkte
Zählendes Rechnen	Werden die Rechnungen über Zählstrategien bearbeitet?
Stellenwertverständnis	Werden beim Rechnen Ziffernstrategien verwendet, die den Stellenwert unberücksichtigt lassen? Bei der letzten Aufgabe z. B. 2 – 2 = 0 und 9 – 1 = 8, Ergebnis 8.
Grundvorstellungen	Kann das Kind die Geschichten nur „in der Situation" bearbeiten oder kann es diese auch in einen Rechenausdruck übersetzen? Entspricht die Grundvorstellung zur Operation auch der Grundvorstellung zur Strategie – oder wird die Wegnehm-Aufgabe über eine Strategie des Ergänzens bzw. die Ergänzungs-Aufgabe über eine Strategie des Wegnehmens bearbeitet?

Inhalt	Rechengeschichten mit Umkehraufgaben
Beispiel:	Tom hatte Gummibärchen. Nachdem ihm Julia 8 weggenommen hat, bleiben ihm noch 12. Wie viele hatte Tom?
	Beobachtungsschwerpunkte
Zählendes Rechnen	Wird die Rechnung über Zählprozesse bearbeitet oder kann das Ergebnis 12 + 8 über operative Strategien gelöst werden?
Stellenwertverständnis	Wird die Analogie 2 + 8 = 10 bei der Aufgabe genutzt?
Grundvorstellungen	Orientiert sich das Kind nur am Signalwort „weggenommen" und bestimmt den Term 12 – 8? Kann das Kind die Geschichte „nachspielen" und im Sachzusammenhang die Aufgabe bearbeiten? Kann es die Aufgabe in einen passenden Rechenausdruck übersetzen?

Inhalt	Zahlen am Zahlenstrahl darstellen
Beispiel:	Wo ist die 7 (38, 98)? Kannst du die Stelle markieren? ⊢⊣⊣ 0 10 20 30 40 50 60 70 80 90 100
	Beobachtungsschwerpunkte
Zählendes Rechnen	Orientiert sich das Kind „schnell" an bekannten Positionen am Zahlenstrahl oder zählt es in Schritten (Einer- bzw. Zehnerschritte)?
Stellenwertverständnis	Werden die Nachbarzahlen von ganzen Zehnern richtig bestimmt? Nutzt das Kind die Zehnerstruktur, um die Position der Zahl zu markieren?
Grundvorstellungen	Werden die genannten Zahlen den entsprechenden Positionen richtig zugeordnet?

Inhalt	Zahlen am Zahlenstrahl auffassen
Beispiel:	Welche Zahl steht an dieser Stelle? Wie heißt die Zahl rechts (links) daneben?
	Beobachtungsschwerpunkte
Zählendes Rechnen	Werden die Zahlen über Zählprozesse bestimmt?
Stellenwertverständnis	Nutzt das Kind die Zehnerstruktur des Zahlenstrahls? Treten Zahlendreher auf?
Grundvorstellungen	Kann das Kind den Positionen passende Zahlen richtig zuordnen?

Inhalt	Zahlen am leeren Rechenstrich darstellen
Beispiel:	Wo ist ungefähr die 8 (90, 78, 37, 21)?
	Beobachtungsschwerpunkte
Stellenwertverständnis	Treten Zahlendreher auf (37 auf der Position der 73)?
Grundvorstellungen	Wie begründet das Kind die gezeigte Position? Entsprechen die Abstände den verwendeten Zahlen?

Inhalt	Zahlen am Rechenstrich auffassen
Beispiel:	Welche Zahl könnte hier stehen? (Man zeigt auf einen Rechenstrich von 0 bis 20 (100)).
	Beobachtungsschwerpunkte
Stellenwertverständnis	Treten Zahlendreher auf? Werden Zehner als „Hilfsmarkierungen" genutzt?
Grundvorstellungen	Wie begründet das Kind das genannte Zahlwort? Entsprechen die Abstände den genannten Zahlen?

Literatur

Baroody, A. J. (1990): How and when should place-value concepts and skills be taught? In: Journal for Research in Mathematics Education, 21 (4), 281–286.

Bauersfeld, H. (2009): Rechnenlernen im System. In: Fritz, A./Ricken, G./Schmidt, S. (Hrsg.): Handbuch Rechenschwäche. Beltz: Weinheim, Basel, 12–24.

Benz, Ch. (2007): Die Entwicklung der Rechenstrategien bei Aufgaben des Typs ZE+-ZE im Verlauf des zweiten Schuljahres. In: Journal für Mathematikdidaktik, 28 (1), 49–73.

Blum, W./Hofe, R. vom/Jordan, A./Kleine, M. (2004): Grundvorstellungen als diagnostisches und aufgabenanalytisches Instrument bei PISA. In: Neubrand, M. (Hrsg.): Mathematische Kompetenzen von Schülerinnen und Schülern in Deutschland. Vertiefende Analysen im Rahmen von PISA 2000. WS Verlag für Sozialwissenschaften: Wiesbaden, 145–157.

Carpenter, T. P./Franke, M. L./Jacobs, V. R./Fennema, E./Empson, S. B. (1998): A longitudinal study of invention and understanding in children's multidigit addition and subtraction. In: Journal for Research in Mathematics Education, 29 (1), 3–20.

Dehaene, S. (1993): Varieties of numerical abilities. In: Dehaene, S. (Hrsg.): Numerical cognition. Blackwell Publishers: Camebridge.

Fromme, M./Wartha, S./Benz, C. (2011): Tragfähiges Operationsverständnis durch flexible Übersetzungen – Grundvorstellungen zur Subtraktion. In: Grundschulmagazin, 4, 35–40.

Fuson, K. C./Briards, D. J. (1990): Using a base-ten blocks learning/teaching approach for first- and second grade place-value and multidigit addition and subtraction. In: Journal for Research in Mathematics Education, 21 (3), 180–206.

Fuson, K. C./Kwon, Y. (1992): Korean children's understanding of multidigit addition and subtraction. In: Child development, 63, 491–506.

Fuson, K. C./Richards, J./Briards, D. J. (1982): The Acquisition and Elaboration of the Number Word Sequence. In: Brainerd, C. J. (Hrsg.): Children's logical and mathematical Cognition. Progress in Cognitive Development Research: New York.

Fuson, K. C./Wearne, D./Hiebert, J. C./Murray, H. G./Olivier, A. I./Carpenter, Th. P./Fennema, E./Human, P. G. (1997): Children's conceptual structures for multidigit numbers and methods of multidigit addition and subtraction. In: Journal for Research in Mathematics Education, 28 (2), 130–162.

Gaidoschik, M. (2008): Rechenschwäche – Dyskalkulie. Eine unterrichtspraktische Einführung für LehrerInnen und Eltern. Persen: Buxtehude.

Gaidoschik, M. (2010): Wie Kinder rechnen lernen – oder auch nicht. Eine empirische Studie zur Entwicklung von Rechenstrategien im ersten Schuljahr. Verlag Peter Lang: Frankfurt a. M.

Gasteiger, H. (2010): Elementare mathematische Bildung im Alltag der Kindertagesstätte. Waxmann: Münster.
Gellert, U. (2000): Verfremdung als Methode in der Lehrerausbildung. Ein Beispiel zum mathematischen Anfangsunterricht. In: mathematica didactica, 23 (1), 72–82.
Gelman, R./Gallistel, C. R. (1978): The child's understanding of number. Cambridge (Mass.).
Gerster, H.-D. (2009): Schwierigkeiten bei der Entwicklung arithmetischer Konzepte im Zahlenraum bis 100. In: Fritz, A./Ricken, G./Schmidt, S. (Hrsg.): Handbuch Rechenschwäche. Beltz Verlag: Weinheim, Basel, 248–268.
Griesel, H. (1971): Neue Mathematik für Lehrer und Studenten. Band 1. Schroedel: Hannover.
Hofe, R. v. (1995): Grundvorstellungen mathematischer Inhalte. Spektrum: Heidelberg.
Hofe, R. v. (2003): Grundbildung durch Grundvorstellung. In: Mathematik lehren, 118, 4–8.
Höhtker, B./Selter, Ch. (1995): Von der Hunderterkette zum leeren Zahlenstrahl. In: Müller, G. N./Wittmann, E. Ch. (Hrsg.): Mit Kindern rechnen. Arbeitskreis Grundschule – Der Grundschulverband e. V.: Frankfurt a. M., 122–137.
Kaufmann, S./Wessolowski, S. (2006): Rechenstörungen – Diagnose und Förderung. Kallmeyer: Seelze.
Konferenz der Kultusminister der Länder in der Bundesrepublik Deutschland (2005): Bildungsstandards im Fach Mathematik für den Primarbereich. KMK: Bonn.
Kutzer, R. (1999): Überlegungen zur Unterrichtssituation im Sinne strukturorientierten Lernens. In: Probst, H. (Hrsg.): Mit Behinderungen muss gerechnet werden. Jarick Oberbiel: Solms, 15–69.
Lorenz, J. H. (1998): Das arithmetische Denken von Grundschulkindern. In: Peter-Koop, A. (Hrsg.): Das besondere Kind im Mathematikunterricht. Mildenberger: Offenburg, 59–81.
Lorenz, J. H. (2003): Lernschwache Rechner fördern. Cornelsen: Berlin.
Lorenz, J. H. (2009): Diagnose und Prävention von Rechenschwäche als Herausforderung im Elementar- und Primarbereich. In: Heinze, A./ Grüßing, M. (Hrsg.): Mathematiklernen vom Kindergarten bis zum Studium. Waxmann: Münster, 17–34.
Moser Opitz, E. (2002): Zählen, Zahlbegriff, Rechnen. Theoretische Grundlagen und eine empirische Untersuchung zum mathematischen Erstunterricht in Sonderklassen. Haupt: Bern.
Padberg, F./Benz, Ch. (2011): Didaktik der Arithmetik für Lehrerausbildung und Lehrerfortbildung. Spektrum Akademischer Verlag: Heidelberg.
Padberg, F. (2007): Didaktik der Arithmetik für Lehrerausbildung und Lehrerfortbildung. Spektrum Akademischer Verlag: Heidelberg.

SARAMA, J./CLEMENTS, D. H. (2009): Early childhood mathematics education research. Learning trajectories for young children. 1st ed. Routledge: New York.
SCHERER, P./MOSER OPITZ, E. (2010): Fördern im Mathematikunterricht der Primarstufe. Spektrum Akademischer Verlag: Heidelberg.
SCHIPPER, W. (2005): Rechenstörungen als schulische Herausforderung. Basispapier zum SINUS Modul G 4: Lernschwierigkeiten erkennen – verständnisvolles Lernen fördern. IPN: Kiel. Download von http://sinus-transfer-grundschule.de/fileadmin/Materialien/Modul4.pdf (04.10.2010).
SCHIPPER, W. (2008): Rechenstörungen als schulische Herausforderung – Handreichung zur Förderung von Kindern mit besonderen Schwierigkeiten beim Rechnen. LISUM: Ludwigsfelde-Struveshof. Download von http://www.uni-bielefeld.de/idm/serv/handreichung-schipper.pdf (04.10.2010).
SCHIPPER, W. (2009): Handbuch für den Mathematikunterricht an Grundschulen. Schroedel: Braunschweig.
SCHIPPER, W./WARTHA, S./VON SCHROEDERS, N. (2011): Bielefelder Rechentest für die 2. Jahrgangsstufe (BIRTE 2). Handbuch zur Diagnostik und Förderung. Schroedel: Braunschweig.
SCHULZ, A./WARTHA, S. (2011): Material im Mathematikunterricht: Risiken und Chancen. In: MNU primar, 49–59.
SCHUPP, H. (1988): Anwendungsorientierter Mathematikunterricht in der Sekundarstufe I zwischen Tradition und neuen Impulsen. In: Der Mathematikunterricht, 34 (6), 5–16.
SELTER, CH. (2000): Vorgehensweisen von Grundschüler(inne)n bei Aufgaben zur Addition und Subtraktion im Zahlenraum bis 1000. In: Journal für Mathematikdidaktik, 21 (3–4), 227–258.
SELTER, CH./SPIEGEL, H. (2008): Kinder & Mathematik – Was Erwachsene wissen sollten. Kallmeyer: Seelze.
SPIEGEL, H. (1989): Vom Nummerieren und Rechnen mit Nummern – Brief an eine Lehrerin. In: Sachunterricht und Mathematik in der Primarstufe, 17 (7), 319–323.
STERN, E. (1998): Die Entwicklung des mathematischen Verständnisses im Kindesalter. Pabst Science Publishers: Lengerich.
THOMPSON, I./BRANALD, R. (2002): An investigation of the relationship between young children's understanding of the concept of place value and their competence at mental addition. Final Report April 2002. University of Newcastle upon Tyne, England.
WARTHA, S. (2007): Verständnis entwickeln: Diagnose von Grund- und Fehlvorstellungen bei Bruchzahlen. In: Mathematik lehren, 142, 24–26, 43–44.
WARTHA, S. (2010): Aufbau von Grundvorstellungen: Ein Förderkonzept. In: Lindmeier, A./Ufer, St. (Hrsg.): Beiträge zum Mathematikunterricht 2010. (S. 911–914). WTM Verlag: Münster.

Wartha, S. (2011): Handeln und Verstehen. Förderbaustein Grundvorstellungen aufbauen. In: Mathematik lehren, 166, 8 – 14.

Wartha, S./Schulz, A. (2011): Aufbau von Grundvorstellungen (nicht nur) bei besonderen Schwierigkeiten beim Rechnen. Leibnitz-Institut für Pädagogik der Naturwissenschaften: Kiel. (Download von www.sinus-grundschule.de), 17 Seiten.

Schulbücher

Eidt, H./Lack, C./Lammel, R./Voss, E./Wichmann, M. (2004): Denken und Rechnen 1. Westermann: Braunschweig..

Keller, K. H./Pfaff, P. (2004) (Hrsg.): Das Mathebuch 1. Mildenberger Verlag: Offenburg.

Rinkens, H.-D./Hönisch, K./Träger, G. (2009): Welt der Zahl 1. Schroedel: Braunschweig.

Schütte, S. (2004) (Hrsg.): Die Matheprofis 1, Ausgabe D. Oldenbourg Schulbuchverlag: München.

Wittmann, E. Ch./Müller, G. N. (2012): Das Zahlenbuch 1 SB. Ernst Klett Verlag: Stuttgart.